ぶらりあるき
マニラの博物館

Museum

Manila

中村 浩
Hiroshi Nakamura

芙蓉書房出版

サン・オウガスチン教会博物館

イントラムロス内の石像建物、
バルアルテ・デ・サンディエゴ

バッシグ市立博物館

アギナルド記念館

リサールの肖像が印刷された紙幣
（リサール記念館）

眼科医をしていたリサールを
表したモニュメント
（リサール公園）

リサールの授業風景のジオラマ
（フィリピン政治史博物館）

髑髏マークとＫの文字は抵抗運動の
旗印（バウチスタ博物館）

UST 美術・科学博物館の館内

キリシタン大名
高山右近の銅像

逆さになった自由の女神像の足の下に町ができている（ロペス記念館）

フィリピン空軍博物館に展示されている
大型輸送機

リサール公園の日本庭園にある鳥居。
ちょっと形がおかしいが……

国立美術館ナショナル・アートギャラリーの
宗教彫刻

マリキナ靴博物館の前の道路には
有名人の足型がいっぱい

カーサ・マニラ博物館

まえがき

フィリピンは、多くの島嶼から形成される島国であるところは日本と似ています。毎年夏から秋に必ず襲来し多くの被害を与える台風の発生する海域に近く、近年の異常気象によって大きな被害が発生している地域です。気候は亜熱帯気候に属し、年間を通じて温暖で、生息・生育する動植物も豊富であり、この分野の研究の宝庫でもあります。

多くの島から構成されていることから生まれた多種多様な民族文化は、民族学の分野でも注目されています。歴史的にも、先史時代から人類の生活が認められ、各所に文化発展の痕跡が残されています。一例をあげるとパラワン島西海岸のタボン洞窟では住居跡や石器製作所跡などが発見、調査されています。また中国との海上交流も長く、各時代に多くの特徴ある陶磁器がもたらされています。

また、フィリピンの文字使用の歴史は、一五二一年のマゼランのセブ島到着から始まったとされていましたが、一九九〇年に偶然国立博物館に持ち込まれた金属片によって歴史は塗り替えられました。この金属片は一〇世紀頃のもので、ラグナ銅板碑文とよばれています。この碑文によって少なくとも一〇世紀まで文化的な歴史が遡ることとなったのです。

中世以来フィリピンは、スペイン、アメリカ、日本と、外国の侵略を受け続け、植民地として支配されてきました。そうした歴史の中で独立運動が高まり、ついに一九四六年独立を果たします。独立運動には多くの人々が立ち上がりましたが、とくに有名なのがホセ・リサールです。彼はフィリピンの国家的英雄として広く顕彰されています。また、フィリピンの独立に関する博物館も多く建設されています。

現在フィリピンの首都圏は「メトロ・マニラ」と呼ばれる都市群を形成しています。かつてスペイン統治時代はサンチャゴ要塞を含むイントラムロスと呼ばれる城郭内がマニラであったことからすると、大きく変貌しています。メトロマニラは、マニラ市を中心に、かつての首都ケソン市など十五の市と一つの町の行政区から構成され、面積は六三八・五五平方キロ、人口は約一一八六万人という大規模なものです。

博物館や歴史的遺産は、世界遺産にも登録されているマニラ市などに集中しています。本書ではフィリピン最大の島であり、メトロ・マニラのあるルソン島の博物館、歴史遺産などを訪ねます。

現在、マニラへは成田、関空、中部、福岡の各空港から定期便が飛んでいます。三、四時間前後で行けますし、ビザも観光目的であれば不要です。最近ではＬＣＣ（格安航空便）の定期便も運航されており、手軽に訪問できる国になっています。機会があればぜひ訪問し、様々な文化、自然のショーケース、博物館を訪ねてみてください。

中村　浩

ぶらりあるきマニラの博物館●目次

フィリピン独立の歴史　に関する博物館……43

科学・教育・子供　のための博物館……67

美術（絵画・彫刻・工芸）　に関する博物館……77

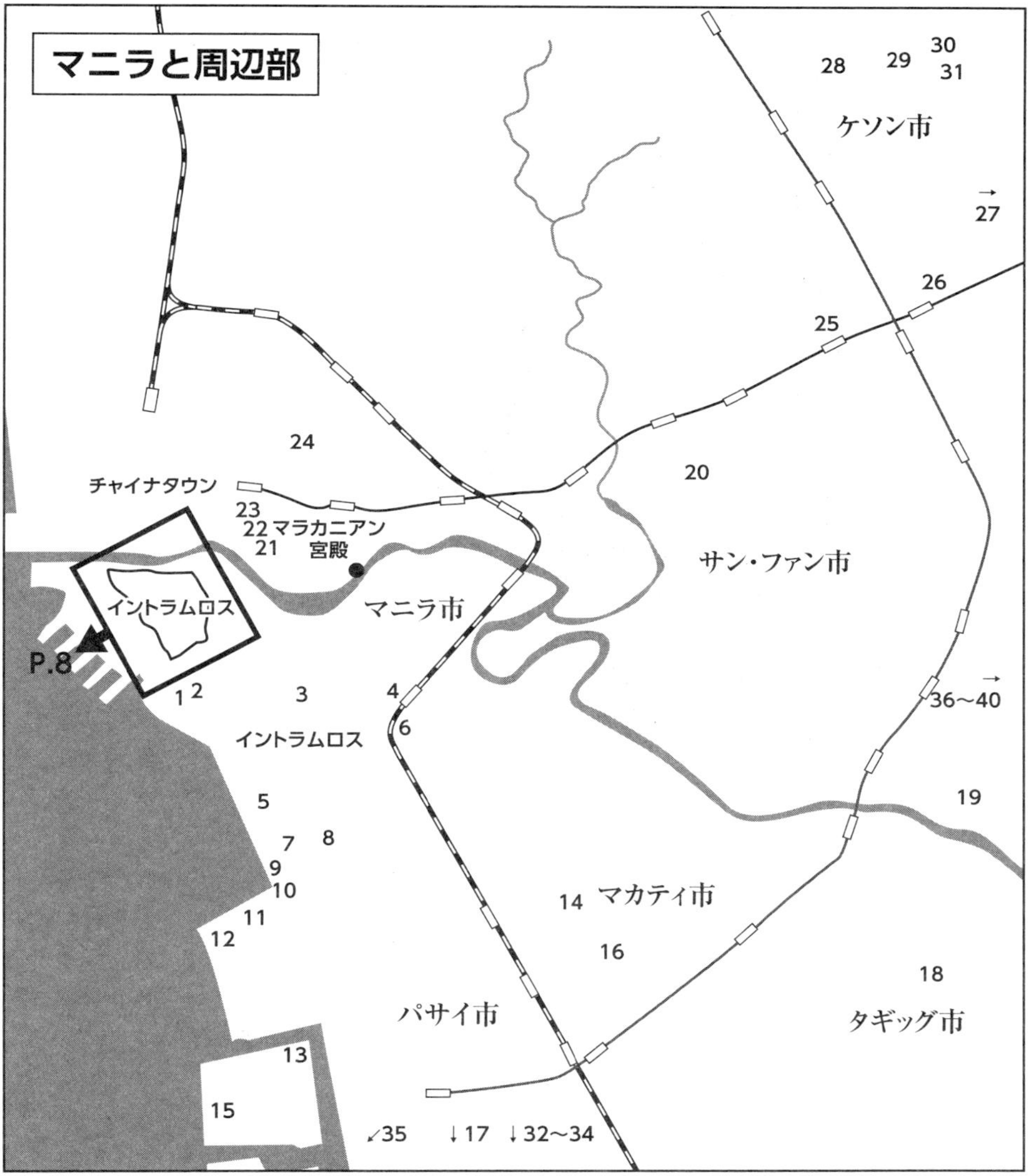

1 ムゼオ・パンバタ　2 ヒラヤギャラリー　3 パコ公園　4 高山右近銅像　5 マラテ教会博物館
6 アマン・ロドリゲス大学博物館　7 マニラ動物園　8 デ・ラ・サール大学美術館　9 メトロポリタン美術館
10 中央銀行貨幣博物館　11 フィリピン文化博物館　12 ココナツ・パレス　13 GSIS 美術館
14 ユーチェンコ博物館　15 エクスプロレウム　16 アヤラ博物館　17 フィリピン空軍博物館
18 マインド・ミュージアム　19 ロペス記念館　20 カティプナン博物館　21 マニラ・ゴールデン・モスク
22 バウチスタ博物館　23 キアポ教会　24 UST 美術・科学博物館　25 ボストン・ギャラリー
26 リオンゴレン・ギャラリー　27 マリキナ靴博物館　28 ニノイ・アキノ公園＆野生動物救助センター
29 ケソン記念塔博物館　30 ヴァルガス博物館　31 アテネオ・アートギャラリー
32 バンブー・パイプ・オルガン博物館　33 リサール生家　34 アギナルド記念館
35 フィリピン大学ロスバニョス森林研究所　36 アーク・アヴィロン動物園　37 ラス・ファロラス水族館
38 パッシグ市博物館　39 リサール・プラザ　40 旧パッシグ市庁舎

イントラムロス

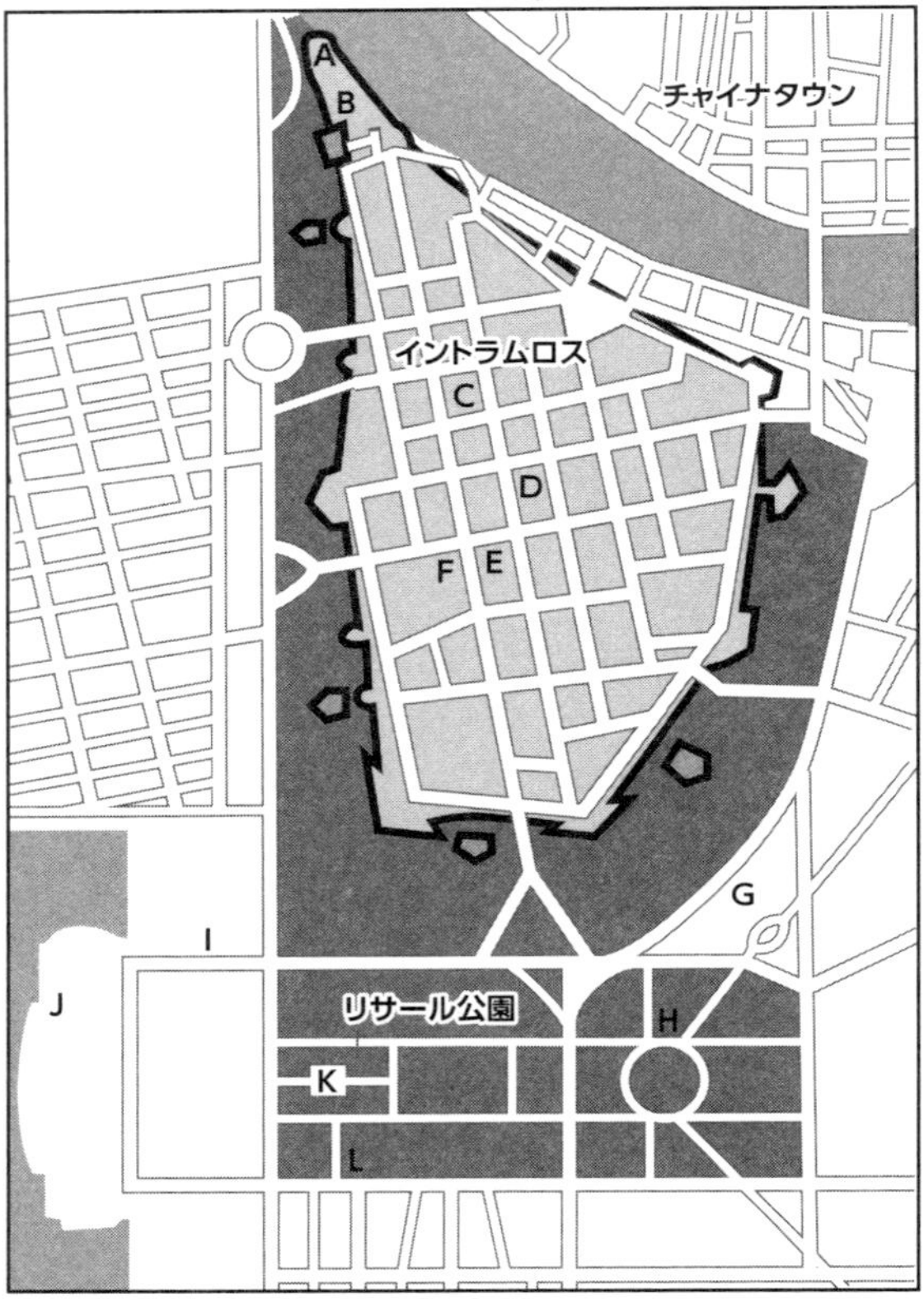

A リサール記念館
B サンチャゴ要塞
C マニラ大聖堂
D バハイ・チノイ
E カーサ・マニラ博物館
F サン・オウガスチン教会博物館
G 国立美術館ナショナル・アートギャラリー
H 国立フィリピン人博物館
I マニラホテル歴史展示室
J マニラ・オーシャンパーク
K リサールモニュメント
L フィリピン政治史博物館

メトロマニラ

歴史・考古・民俗（民族）に関する博物館

国立フィリピン人博物館
《サンディエゴ展示コーナー・水中考古学／考古学コーナー／民族学の展示／米・稲作展示コーナー／武器（大砲）の展示コーナー／フィリピンの伝統的古代文字コーナー／織物（テキスタイル）コーナー》

イントラムロス
《大統領の肖像銅板群／バルアルテ・デ・サンディエゴ／バルアルテ・デ・サンアンドレス》

サンチャゴ要塞
《門と城壁、内濠／倉庫建物跡／刑務所跡／劇場跡建物／全犠牲者慰霊碑／地下牢跡》

バハイ・チノイ（菲華歴史博物館）

フィリピン文化センター

民族楽器コレクション展示室

フィリピン文化博物館

アヤラ博物館

カーサ・マニラ博物館
バンブー・パイプ・オルガン博物館

　ここではフィリピンの歴史・民俗（民族）に関する博物館をとりあげますが、独立抗争や植民地解放抗争に関する博物館などは別の項で扱います。ただし両者が混在する場合には、状況に応じて記述することにします。

　フィリピンにおける人類の歴史の始まりは、今から約三万五千年前から約一万年前の旧石器時代後半まで遡ると考えられています。パラワン島西海岸、タボン洞窟から住居跡や石器製作所跡などが発見され、調査・研究されています。また中国との海上交流の中で多くの中国系文物がフィリピンに伝播していたことがわかります。とくに中国陶磁が多く残っています。

　フィリピンの文字使用の歴史は、長い間、一五二一年マゼランのセブ島到着から始まったとされていました。しかし一九九〇年、偶然国立博物館に持ち込まれた金属片がその歴史を塗り替えることになります。ラグナ銅板碑文の発見です。この碑文は一〇世紀頃のものとされ、この碑文の確認によって少なくとも、一〇世紀まで文化的な歴史が遡ることとなったのです。

　また一六世紀以降はスペインの影響下で発展し、その後アメリカ、日本などの支配を受けながらも一九四六年七月にはアメリカから独立します。

　フィリピンは多くの島々から成り、それぞれの島にそれぞれの文化を形成してきた民族がいました。それらの資料を展示紹介する博物館として、国立フィリピン人博物館、フィリピン文化センター、アヤラ博物館などがあります。またフィリピンに定住した中国人やスペイン人の文化を知る博物館にはバハイチノイ、カーサ・マニラ博物館などがあります。

この章ではフィリピンの先史時代から、外国による植民地支配、さらに植民地抗争から独立までの歴史と民族に関する博物館について記述していきます。

❖国立フィリピン人博物館

National Museum of the Filipino People

フィリピン革命百周年記念事業の一つとして、国立博物館とは別に考古学資料と民族学資料を中心とした国立フィリピン人博物館が新たに開館しました。一九九八年六月、リサール公園に面しているかつての大蔵省の三階建てのビルを改修したものです。

隣接するホテルの窓から見下ろすと、よく似た黄色い壁の建物が三棟、リサール公園のまわりにあるのがわかります。

フィリピン観光省庁舎、国立博物館（ナショナル・ギャラリー）、そして、国立フィリピン人博物館です。近くにはフィリピン政治史博物館もあります。

国立フィリピン人博物館

■サンディエゴ展示コーナー・水中考古学

二階フロアの半分以上を利用してサンディエゴ・ホームカミング記念特別展示が行われています。ホームカミングと名付けられているのは、これらの遺物が長らくヨーロッパで保管展示されていて、ようやくフィリピンに戻ってきたからです。

サンディエゴとはスペインの戦艦の名前ですが、当初はスペインの商船として一六世紀末に使用されていたものでした。ところがマニラ湾にオランダの艦隊が攻め込んでくるという事態になり、急遽この商船が戦艦に改造されたのです。この海戦でスペイン側の指揮を執ったのは当時のマニラ総督代理アントニオ・モルガでした。一六〇〇年一二月一四日、マニラ湾口で始まったオランダとの海戦は一進一退で、戦いの場所は徐々に南の海へと移っていきました。最終的な決着がつかない中で、戦艦サンディエゴ号はあえなく沈められました。かろうじて脱出したモルガは、その後の海戦でオランダに勝利したとも伝えられています。

このとき沈没したサンディエゴ号は長らく海底に眠ったままでしたが、一九九一年〜一九九三年、フランスとフィリピン国立博物館によるサンディエゴ号の共同調査が行われました。その結果、海底から中国の陶磁器約四〇〇〇点をはじめ大量の遺物が発見、採集されました。このほかフィリピンやペルーの土器など一四〇〇点、大砲一四門、砲弾二〇〇発、象牙、剣、兜などの武器・武具、動物の骨や植物の種子(船員の食料の残滓)など多数が見つかり引き揚げられました。このコーナーでは引揚品から推定される交易品や船上生活の様子などを展示し、沈没前のサンディエゴ号を当時の残された絵図などから復元しています。サンディエゴ号の展示は一階フロアでも行われています。

珍しいものでは日本刀と刀の鍔があります。刀は一部分だけですが、海中にあったため錆びており、また貝殻がびっしりと付着しています。刀の装飾文様もわかりません。日本刀は日本との交易によって得ら

サンディエゴ展示コーナーの大砲

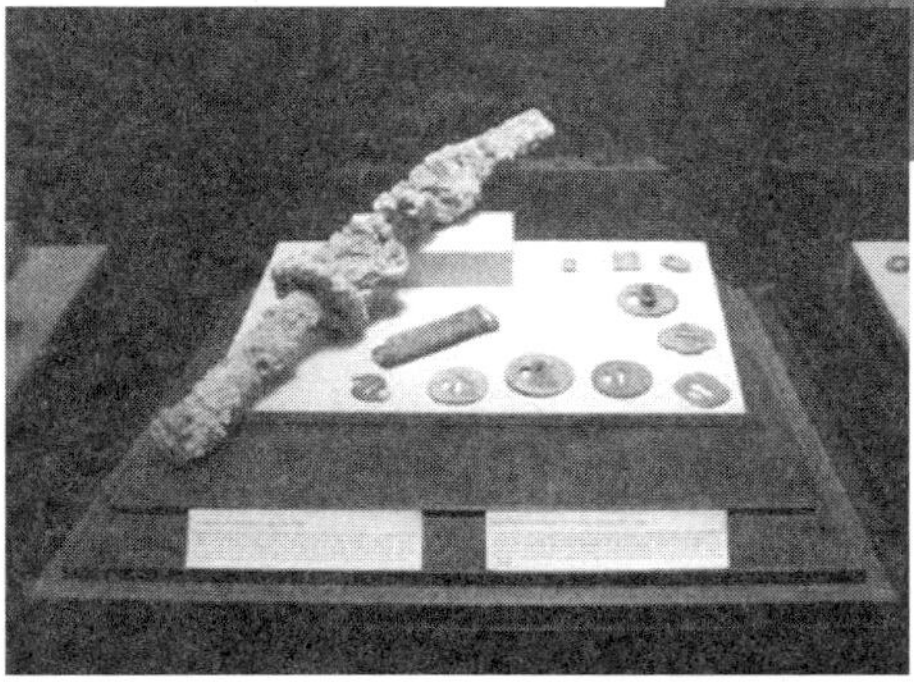

海から引き揚げられた日本刀

海揚がりの陶磁器

沈没船のいかり

れたものか、日本人の乗組員が乗船していたのかはわかりませんが、いずれにしても興味をそそられます。

二階フロアには、サンディエゴ号関連展示のほか、フィリピン沿岸で沈没した船から引き揚げられた陶磁器が展示されています。大型の壺、甕、藍色の文様が美しい染付の皿や壺など多様なものが見られます。

ところで、一六世紀の大航海時代にスペイン、オランダなどのヨーロッパ列強がフィリピン、アジアに進出する以前、この海域には中国の交易船や海賊船が頻繁に行きかっていました。ここには沈没船五艘から引き揚げられた遺物が展示されています。この沈没船は中国製のジャンクと考えられています。遺物の大半は、当時の中国が対外交易品として圧倒的に優位を誇っていた陶磁器類です。青磁の大皿や大きな鉢のほか、ベトナム、タイなどで生産された壺や甕などの陶器も見られます。

沈没船の一部

調査の対象となった沈没船にはさまざまな積荷があったようですが、とくに特徴的な積荷は一四世紀後半から一五世紀初頭の中国、ベトナム、加えてチャンパの陶磁器などで約七〇〇〇点を数えた船もありました。この船はその積み荷からさまざまな国の港で交易を繰り返しながら東南アジアの沿岸海域を航海していたことがわかります。このうちベトナム・チャンパの都で焼かれたチャンパ陶器四五〇〇点余りが確認されており、これらからチャンパとフィリピン両国の関係を知ることができます。
このコーナーで注目されるのは、「Butuan Boat」と表示されている、一二五〇年頃の船です。船の底部の骨格部分に使用されていた木材の残存部が展示されています。硬質の木材を曲げて釘で打ちつけて船底を固定しており、長時間、長距離の荒波の航海に耐えられるような構造をしています。二五人程度の乗組員で航海していたと推定されています。

フィリピンでは同様な船が一九七八年に発見されています。その船は三二〇年ごろの製作と考えられており、現在地元の遺跡博物館に展示されています。このほかにも沈没船が引き揚げられています。

なお沈没船に対する調査は陸上で行う発掘調査とはかなり異なり、多くの潜水士による、光の届かない海底での調査は危険が伴います。考古学では「水中考古学」という分野がありますが、水中考古学の調査方法を具体的にジオラマ模型で示しているコーナーがあります。

水中考古学のジオラマ

■考古学コーナー

三階フロアにはフィリピン人のルーツに関する展示があります。旧石器時代にその起源が求められるさまざまな打製石器が展示されていますが、それらは単に打ち欠いただけの簡単な加工を施したものです。わずかな加工痕跡を見逃さないようにしてください。

展示は新石器時代、鉄器時代、陶磁器時代へと移っていきます。

ドン・ビンセント・マドリガル・ギャラリーには、新石器時代の珍しい土器が集められています。その一つはパラワン島マヌンガル洞窟から出土した装飾付土器です。壺は肩の張りを持ち、肩から口縁部にかけて赤茶色の鉄釉で曲線のスクロール文様が描かれています。口縁部がすっぽりと隠れるように蓋が付けられています。蓋の天井は丸く、中央に大きなつまみがあり、さらにそのつまみの上に二つの人物とボートが表されています。この蓋付の壺は埋葬用に用いられたもので、人と船の装飾は死後の世界への航海を示しており、魂の世界への旅を表しているものと考えられています。

部屋の奥、壁側のケースには人物の顔を蓋の上に付けた独特な形の土器が置かれています。サランガニ省のアユフ洞窟から発見されたものです。この洞窟は墓地と考えられています。洞窟調査のようすがジオラマにしてあります。洞窟の一方に整然と並べられた埋葬用の土器群を見ると、まるで人物が並び立って

パラワン島マヌンガル洞窟出土の装飾付土器

アユフ洞窟出土の土器

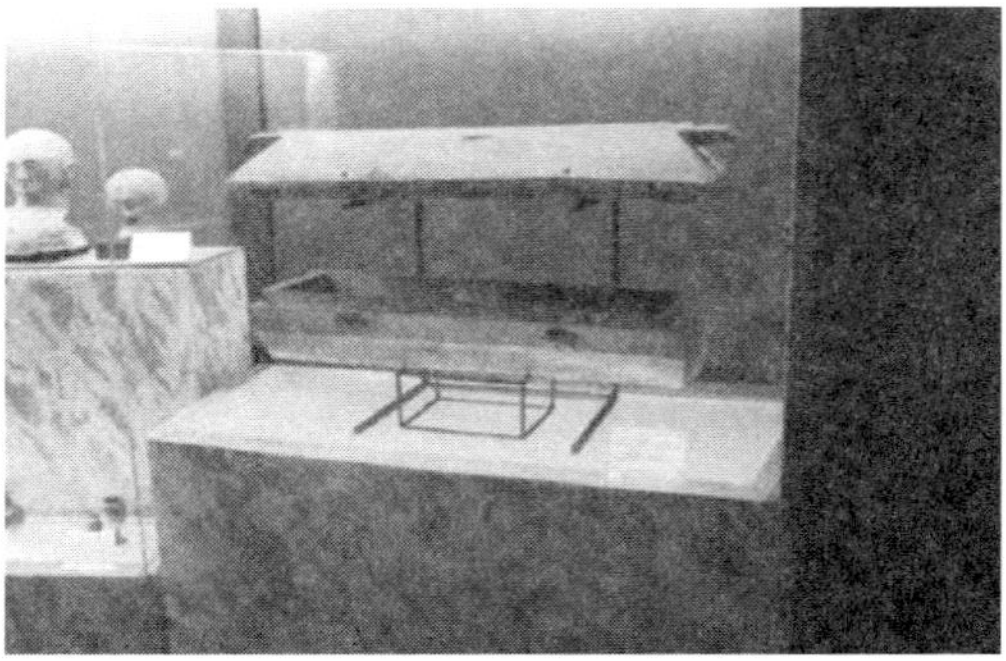

アユフ洞窟出土土器の木棺

いるようです。人の顔のついた壺の蓋は、壺に収納された埋葬骨を保護するためのものです。人の顔は全部で二八点見られますが、その表情は、喜び、悲しみ、怒り、満足、とさまざまです。あなたにはどのように映るでしょうか？

これらの土器はミンダナオ島の出土例に似ているようにも見えますが、細かく見ると実にユニークで、土器製作者の素朴さと表現能力の高さを感じます。

さらにこのコーナーでは土器展示の間に木製の棺が展示されています。一メートル余りで大きくはありませんが、三角形の屋根を持ち、丁寧に削って作られています。内部に遺体をおさめたと考えられます。棺本体は箱型ですが、蓋の形は長持ち型、家形などいろいろあります。このほかに、縦に長い方形の土製のもので、小型の蓋のある蔵骨容器もあります。

■民族学の展示

時代をいつまで遡ることができるのかは明らかでない展示品は多いのですが、このコーナーにはフィリピンの先住者が使用してきた、また現在でも使用している品々が集められています。

フィリピンは多くの島々から形成されています。それらの異なる民族の世界を、農業（米）、古代文字、テキスタイル（織物）など各分野別に取り上げています。

■米・稲作展示コーナー

四階フロアにライス（米）の特別展示コーナーがあります。「現在のフィリピンと民族」は、「米・稲作」がテーマです。最近世界遺産に登録されたルソン島北部の棚田、田植えや豊かに実った稲穂、山間の水田の写真が展示されています。

100ペソ紙幣には稲のイラストが

展示室中央の大きな展示台には水田耕作で使われる農耕具が並べられています。牛で引いて土を掘り起こす犂や鍬、代掻きなどの水田を均すための農具や、収穫物を入れる円形や方形の籠、運搬用の大きめな籠などがあります。また脱穀に用いる臼や石臼などもあります。日本でもよく見かけた農具もあり、懐かしく思いながら見ました。籠の細工も一様ではなく、細かな文様を施したものや異なる材質のものを編み込んだものなど手の込んだものもあります。収穫物を盛り付ける高坏や皿なども展示されています。

このコーナーの終わりに、農耕用の牛の彫刻や農耕を描いた油絵が展示してありました。また、現在流通している一〇〇ペソ紙幣には稲のイラストが印刷されたものがあります。ベニグド・アキノ大統領の肖像の左側の透かし部分の上面に重ねられています。フィリピンにおける稲の重要性がわかります。なお稲のイラストのない一〇〇ペソ紙幣もあります。

■武器（大砲）展示コーナー

建物の中庭に面した廊下には「戦争と平和」というテーマの展示が行われていました。スペイン植民地時代の鉄製の小型の大砲が一七点並べられたミニ展示です。大砲は前後に装飾のある優雅

廊下で小型の大砲を展示

なものです。ほかには、鉄砲と弓矢などが描かれた絵画があります。これは一七九八年にロンドンで公開されたものです。

■フィリピンの古代文字コーナー

ここではフィリピンの古代から伝えられた伝統的な文字の紹介が行われています。フィリピンの現在の公用語は英語とフィリピン語ですが、もともとの言語はタガログ語です。地域によってはタガログ語以外の言語も使われているようですが、一六世紀のスペイン人の渡来以降、タガログ語を含めた現地の言語が急速に失われてきたようです。かつてはマレー系や中国系の民族と交流があり、古代インド語なども残されていたとも言われていますが、現在ではその痕跡を探ることも困難なようです。

フィリピンの歴史は、一五二一年のマゼランのセブ島到着に始まるとするのが長年の定説でした。しかし一九九〇年一月マニラ国立博物館に持ち込まれたねじ曲がった金属片一枚が、それまでのフィリピンの歴史を塗り替えることとなりました。この金属片は、この古代文字のコーナーの最初のガラスケースに展示されていますが、照明も暗いため、何が刻まれているのか、目を凝らしてみないとわかりません。この金属片は、現在ではラグナ

ラグナ銅板碑文

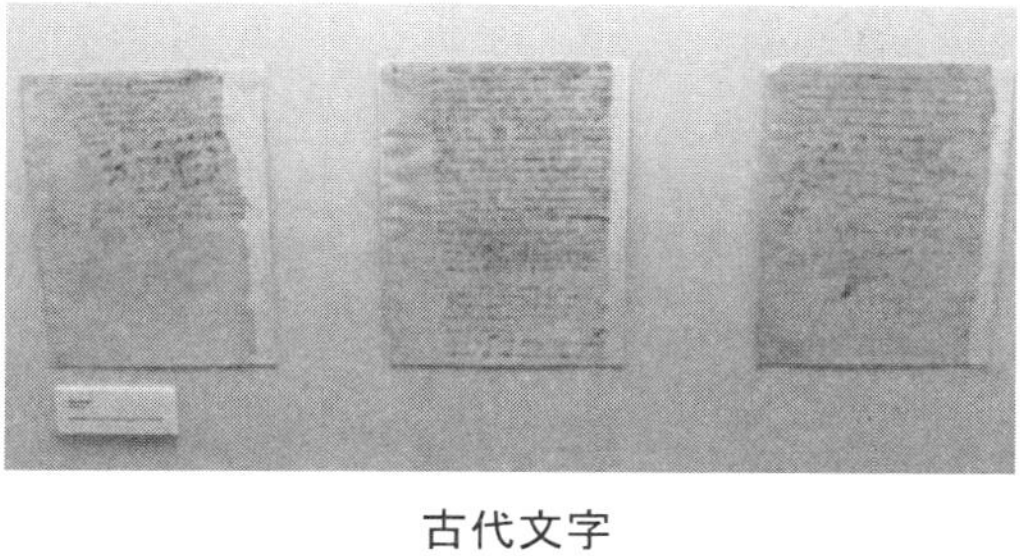

古代文字

銅板碑文（略称ＬＣＩという）として知られるもので、ルソン島のラグナ州ルンバン川の浚渫作業で一九八七年頃に砂などとともに掘りだされたものでした。この碑文はフィリピンの古文書学者であるアントオン・ポストマによって解読され、釈迦暦八二二年（西暦九〇〇年）トウダンと呼ばれる地区の首長兼司令官がある高官の負債を不問にしたことの証明書のようなものであることがわかりました。

この古代の文字はタガログ語の源流の一つと考えられています。紙に記録されたものだけでなく、竹筒などの道具に刻まれたもの、土器の胴部や口縁部に刻まれているもの、石に彫り込まれた石碑状のものもあり、解説とともに展示されています。これらの文字を現在でも使っている人たちもいるようですが、その数は急速に減少しており、記録保存が急がれています。

■織物（テキスタイル）コーナー

四階フロアのもっとも大きなスペースでフィリピンのテキスタイルの展示が行われています。最初に古い布の裂がケースに広げられています。バンドンクロスと呼ばれるこの布は一四〇〇～一五〇〇年頃に作られた織物です。死者を包むためのものと考えられています。また、ブルー地に赤の細いストライブが入り、さらにデフォルメされた白い文様を染め抜いたブランケットも展示されています。これも死者を覆うために使われたもののようです。

次のガラスケースには小さな方形の布の染色見本が置かれ、帯状の織物が並べられています。

次いで機織り機が六台置かれています。手前の四台はイザリ機（座

古代裂の展示

機織り機の展示

って織る）で、ほかの二台は高機織り機（椅子に座って織る）です。それぞれに鮮やかな色の糸が掛けられていて、布が途中まで織られています。

奥のケースでは明るい色の布が飾られ、その下には糸車や糸紡ぎの紡錘車が展示されています。織った生地から作った衣類も並べられています。染められていない麻のような生地です。女性用のブラウス二着とストール、染められていない布地もまとめて置かれています。また廊下側には長袖と長いスカートという比較的涼しい地域の衣装が現地人の写真パネルとともに置かれています。中央の二着はマニラ地域で、他の衣装は地方の民族衣装です。

❖イントラムロス　Intramuros

サンチャゴ要塞は、イントラムロスと呼ばれる石垣の塀（擁壁）で囲まれた中にあります。イントラムロスとは、スペイン語で「壁の内側で」という意味です。スペイン植民地下で建設され、壁の内側は六四ヘクタールにも及びます。スペイン人の政治、軍事、宗教の中心地でした。現在でもその石垣の塀は残されています。塀の外側には濠が穿たれていました。現在では自然の河を利用しているところはそのままですが、濠として掘られた部分は大半が埋め立てられ、芝生が植えられゴルフ場に変わっています。

■大統領の肖像銅板群

イントラムロスの西側部分、サントルシア地区に歴代の大統領の肖像を銅板に刻んだ像を並べている場所があります。フィリピンの大統領の肖像なのですが、見覚えのない顔も多く、あまり興味がわきませんでした。

■バルアルテ・デ・サンディエゴ

イントラムロス域内の西側にある古い石造建物で、現在は小さな庭園もあり、市民にも親しまれています。石塀の上にのぼると大きな円柱形の石製建物が見えます。望楼のようでもあるのですが、上部が失われていてよくわかりません。日本軍はここを捕虜の収容所として使用したということです。

イントラムロスの内側には樹木が植えられ、緑地公園として整備されていいます。新しく休憩所が設けられていますが、風通しも悪く快適な場所とは言えないようです。かつて使用された大砲の残骸が見られます。隣接する塀には鉄格子の扉があり、中には機関砲が置かれています。ここへは立ち入ることができませんでした。

■バルアルテ・デ・サンアンドレス

イントラムロス域内の南東隅にある建物群です。現在この建物の一部

大統領の肖像銅板群

バルアルテ・デ・サンディエゴ

昔は大砲の弾の製造所
今はポリスボックス

火薬庫入口にはおまじないの飾りが

イントラムロスの門

外に向かって大砲を
10門配置した広場

はポリスボックスとして使用されています。スペイン時代にはここで大砲の弾を作っていたそうです。現在ポリスボックスとして使用されている建物の側面や背面には、細かく区切られた石壁で囲まれた区域があります。大砲の砲弾を製作していた場所ということでした。

石壁に囲まれたうす暗い部屋があります。ここは砲弾に詰める火薬を置いていた火薬庫だった場所です。ここで事故などで亡くなった人もいたようです。警備するガードマンたちは、フィリピンの迷信にしたがって鳥の羽根で作られた頭飾りを入口に飾り、霊魂の拡散を防いでいるとのことでした。

これらの建物群のある南側と東側はイントラムロスを囲む石壁が残っていて、守衛所が設けられています。その外周にはかつて濠があったようですが、現在ではゴルフ場の一部となっており、美しいグリーンの芝生が続いています。

東側は北に石塀が伸び歩道が続いています。そこを行くと、イントラムロスの外に向けて銃眼に大砲を一〇門配置した広場があります。この大砲群がスペイン時代の旧マニラ市街地であるイントラムロスの域内を守っていたのです。ここから内側には道を隔てて大学校舎や教会、ホテルなどの建物が建てられています。

ここから北へ石塀伝いに行くといくつかの門があります。かつてイントラムロスの石塀には合計一八の門がありました。中国人専用、スペイン人専用、フィリピン人用などそれぞれ人種によっても出入りする門が定められていて、イントラムロスへの出入りは厳重に管理されていたということです。また東側にも刑務所として囚人を収容した建物もあったようですが、現在では土産物店になっています。

【世界遺産】サンチャゴ要塞　Fort Santiago

フィリピンを占領したスペイン人が一六世紀に新たに築いた要塞です。パッシグ川がマニラ湾に注ぐ河口に位置し、マニラ湾の全景を望むことができます。第二次世界大戦中にアメリカ軍の艦砲射撃によって大きく破壊されてしまいましたが、戦後再建されました。スペインの守護聖人である聖ヤコブをたたえる意味で、サンチャゴと名付けられました。メインゲートの上部には馬にまたがる聖ヤコブの彫刻があります。

現在も残る、石の城壁で囲まれた範囲をイントラムロスと呼んでいます。サンチャゴ要塞はこのイントラムロス敷地内の北端部にあります。要塞の敷地内にはかつて刑務所があり、鉄格子と堅牢な石壁の建物が残されています。現在ではこの建物は、土産物店やコーヒーショップなど要塞内の見学者用のセンターになっています。

この地域を占領していた日本軍やアメリカ軍が使用した建物も残されていますが、長い年月放置されていたため、建物の壁面が崩落し、苔むしたままの状態になっています。日本軍の建物の外壁には砲弾跡が今も残っており、この地での戦闘の凄まじさを伝えています。また、この建物の前には全面が赤さびで覆われている鉄製の大きな錨や鉄製の大砲、信管を抜いた未使

サンチャゴ要塞メインゲートと濠

用の砲弾がみられます。まさに戦争遺産です。

■門と城壁、内濠

サンチャゴ要塞のメインゲートの前には少し淀んだ水をたたえた濠があり、所々に睡蓮が赤紫の花を付けています。濠の中央に架けられた橋を渡ると城壁が横に広がっています。

切り石造りの堅牢な城壁の中央には立派な石造の門があります。門の両脇には彫刻像がありますが、いずれも表面が剥落しています。扉部分は木製ですが、その上部には家紋を施した装飾があり、さらにその上には立派な彫刻装飾があります。

■倉庫跡

チケット売場から中に入ってすぐ右手にある建物はかつてアメリカ軍が使っていた弾薬などの保管倉庫です。二階建ての建物は、一部の窓枠を残して大半が崩落しており、廃墟となっています。危険なため内部の見学はできませんでした。

■刑務所跡

チケット売場の反対側、出口の右手にある堅牢な石造りの建物がかつての刑務所です。現在は土産物店や観光客の休憩所、コーヒーショップなどに使われていますが、店の前の頑丈な鉄柵を見ると、ここが刑務所だったと納得できます。建物の裏手に回ってみると、窓がほとんどない異様な構造物であることがわかります。

刑務所跡

倉庫跡

劇場跡

地下牢跡

全犠牲者慰霊碑

■劇場跡

かつて日本軍が占領していた時代に映画や演劇を上演した建物です。現在は屋根のほとんどと壁の一部が失われ、煉瓦つくりの壁と床が残るだけです。床面の煉瓦部分は残っており、いくつかに区切られた部屋に続く階段や壁がわかります。

この建物北端の部屋にかつてホセ・リサールが幽閉されていたと伝えられています。現在そこには黒いシルクハットとスーツ姿のマネキン人形が置かれ、リサールが幽閉の場所から刑場へ向かう瞬間を表わしています。「ラストラン」と名付けられた足跡はここから始まり、門まで直線的に残されています。足跡の歩幅は小さく、死に臨んで歩んだリサールの何ともやりきれない思いが伝わってくるようです。

■地下牢跡

地下牢は一七一八年に建設されました。現在の地表面からは切石つくりの階段を九段下りて行きます。地下牢へ続く道から奥は鉄の扉が閉じられており、先へ進むことはできませんが、満潮時には内部までマニラ湾の海水が満ちてきたようで。地下牢に収容されていた多くの人々の命が失われたとのことです。

■全犠牲者慰霊碑

地下牢跡付近にはこの地方独特の竹の群生が見られます。その南に一辺三メートルの方形のコンクリートの台の上に高さ約二メートルの白い十字架がぽつんと一つ建てられています。説明板によると、サンチャゴ砦で亡くなった人々の慰霊記念碑で、六〇〇名ものフィリピン人が犠牲となったと刻まれています。

❖バハイ・チノイ（菲華歴史博物館）
Bahay Tsinoy（Museum of Chinese in Philippine Life）

「カイサ・ヘリテージセンター」とローマ字で書かれた看板が掲げられた三階建てビルに、フィリピンの中国人社会を紹介する博物館があります。厳重に鉄柵で囲まれた建物の入口の両側には石製の狛犬が置かれています。この博物館はフィリピンに居住する中国系移民および華僑の歴史と生活、民俗、文化を紹介、展示しています。

まず中国系の人たちがどのようにフィリピンに来たのか、またどのような暮らしをしてきたのか、子孫が政治、文化、経済の舞台でどのように活躍してきたのかをさまざまな資料や写真で紹介しています。

入口を入ったロビーの階段脇には、中国の秦始皇帝陵の兵馬俑坑で発見された武人の俑が一体置かれています。この像は騎馬戦用の鎧を着ています。俑はこの一体のみで、これが本物なのかレプリカなのかはわかりませんが、同じ場所にやや大型の水甕二個とガラスボールが置かれており、さらに「奇石珍蔵」と表示されたガラスケースが置かれています。このケースには奇妙な形をした石が入れられていますが、化石や遺物ではなく、自然の突然変異などによる奇石のようです。続いての円柱形のガラスケースの中には貝殻のコレクションが並べられています。

二階では、フィリピンと中国との関係が海岸での交易から始まっ

バハイ・チノイ

たことを示すジオラマやパネル展示があります。島国のフィリピンは海岸線が長く、人の移動の掌握と管理は困難でした。いつの頃か渡来した中国人はフィリピンに定着し、華人社会を形成していきます。その歴史をジオラマやパネルからたどります。また、交易船として中国本土からやって来た帆船の模型が置かれ、交易でもたらされた中国陶磁器や穴あき銭などが、海底から引き揚げられた遺物とともにケース内に展示されています。

華人社会の宗教は複雑です。キリスト教あり、仏教あり、道教あり、というように混在していたと説明されています。昔の暮らしのジオラマでは食事の支度をする女性の姿があります。魚の煮つけ、春巻き、豆腐を揚げたもの、焼きそばと饅頭などの料理が置いてあります。なかなかのごちそうです。さらに塩と

華人社会のさまざまな仕事のジオラマ

昔の暮らしのジオラマ

フィリピン最初の女性大統領となった
コラソン・アキノの肖像画

胡椒の調味料を入れた容器と茶碗が膳の上に置かれています。同じジオラマでは左側にはソファに座った女性が刺繍に取り組んでいます。また中央にはベランダから下を見ている女性の姿、右端には中華服を着た男性が机に向かって仕事をしている姿が見られます。

別のジオラマでは子どもたちが、凧揚げやコマ回しに夢中になっている姿を見られます。駄菓子、果物、籠、麦わら帽子などを売っているよろず屋があり、中国の清時代の髪形である辮髪姿の男性もいます。

当時の中国人社会ではさまざまな仕事がありました。「書読員」と表示された人物は、書籍や手紙などの文章を本人に代わって代読して伝えたり、文字を書けない人に代わって代書をしたりする仕事をしています。日本の落語に「代書屋」という話がありますが、まさにその仕事がここでもあったようです。大人の男性が道端の椅子に座っているので、何か物乞いをしているのかとも思いましたが……。その隣でうずくまって何かをしているのは、靴の修理人です。必要な道具はすべて前にある竹かごに入れてあり、そこから必要な道具を取り出して修理をします。道具一式を持ってどこへでも出かけて行ったようです。

また、中国人のキリスト教徒のためにサン・オウガスチン教会の礼拝施設のジオラマもあり、その中には名前を刻んだ石碑（墓碑）が立てかけられています。天秤棒で荷物を前後に振り分けて担ぐ野菜売りの商人や水甕を担いで水を売る人、店先で金工細工を行う人の姿も見られます。

ジオラマの中でも、とくに目を惹いたのは、多くの人が城壁の前で争う姿です。殴りかかっているのは、その風体から見てスペイン人のようです。スペイン時代に華人が迫害を受けたことを示したものなのでしょう。

同じフロアでは、中華系フィリピン人の輝かしい歴史が紹介されています。フィリピン最初の女性大統領となったコラソン・アキノの選挙運動中の奮戦ぶりを写した写真パネルや、アキノ自身が笑顔でフィリピン国旗の前に座っている肖像画は、多くの中華系フィリピン人の誇りであることをよくあらわしています。キリスト教関係の聖職者や大学教授など教育・文化の世界で活躍する中国系人物について、写真や肖像画が展示されています。フィリピン経済に影響力を持つ人物についても同様に紹介されています。

このほか、現在は閉鎖されていますが、中国陶磁器の展示室や中国系の人物からの寄贈コレクションの展示コーナーなどがあります。

❖フィリピン文化センター　Culutural Center of the Philippines

マルコス大統領の時代にイメルダ夫人の肝いりで創設されたフィリピンの文化の殿堂です。演劇や音楽の公演に使用される劇場ホールをはじめ、イメルダ夫人自身が収集してきたアジアの伝統楽器コレクションやフィリピン文化コレクションの展示施設（博物館）、絵画などの芸術作品の展示に使用されるギャラリー等、文化振興に関わる複合施設です。

❖アジア民族楽器コレクション展示室
Asian Traditional Musical Instruments

フィリピン文化センターが所蔵しているコレクションで、イメルダ・マルコス大統領夫人の肝いりで集められたものばかりだそうです。ここにはアジア各地の伝統的な楽器がコレクションされていま

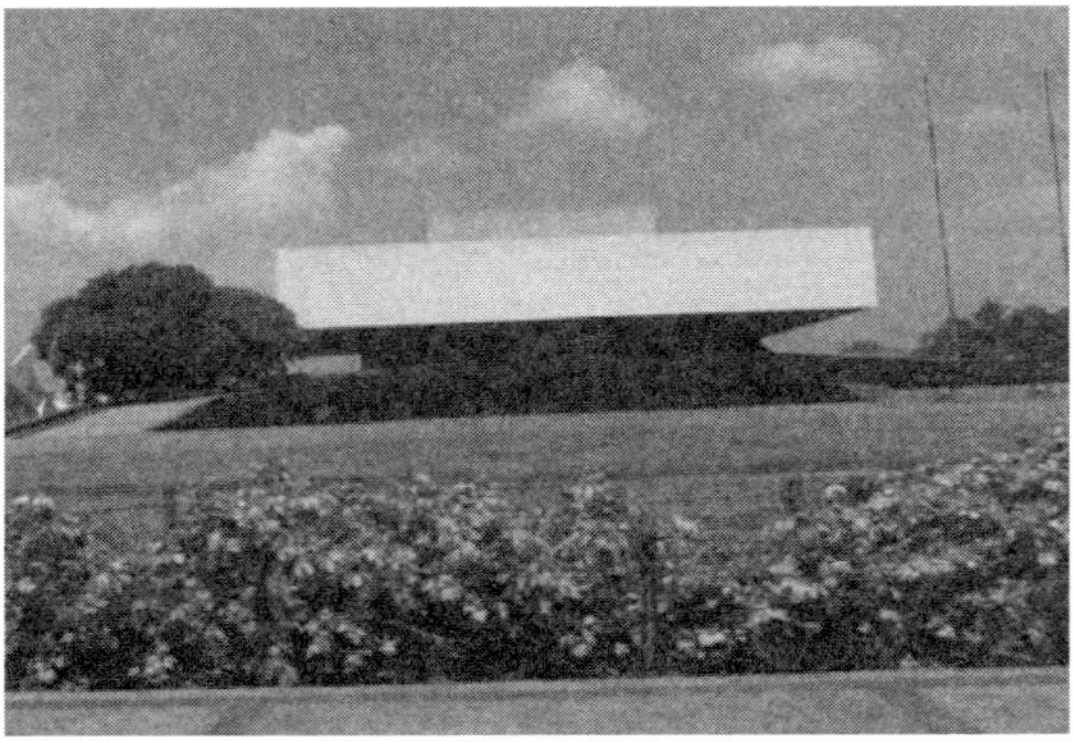

フィリピン文化センター

す。

日本の楽器では、尺八、三味線、琴などがあります。裃を付けて威儀を正した男性演者が三味線を弾いているパネルがあり、三味線は二棹置かれています。着物姿で尺八を演奏中の写真パネルが掲げられています。琴は着物姿の女性が弾いています。また大きな太鼓も置かれています。

民族楽器コレクション展示室

中国の楽器では、胡弓が四種類集められています。中国服の男性演者が胡弓を弾いている写真があり、琵琶も数種類集められ、笛は縦笛、横笛の両方が展示されています。また中国の琴もありますが弦の数が日本の琴の倍近くあります（日本の琴の弦の数は十三本）。

韓国の楽器では、琴が二種類見られますが、弦の数は十二本です。ここでは小さな太鼓や鼓状の太鼓があります。これは撥を使わず手で叩くもののようです。笛も大小あり、マラカスのような楽器も置かれています。

インドの楽器では、ギターやマンドリンのような弦楽器が並べられています。細長い太鼓のような打楽器もあり、演奏している写真が添えられています。

タイの楽器では、円形に並んだ金属製の鍵盤を打ちながら演奏する打楽器や、大小の木琴、太鼓などが展示されています。

インドネシアでは、ガムラン音楽の金属製の楽器が集められています。いずれも打楽器で、リズム中心の演奏に用いられています。ガムラン音楽は農村で行われるバロンダンスなどの祭礼行事には欠くことのできない音楽です。

❖フィリピン文化博物館　Museum of Philippine Culture

フィリピン文化センター内にある博物館です。

フィリピンは多くの島々から成り、島ごとに異なる民族文化が育まれてきました。その一端をここの展示で知ることができます。展示は民族の葬送儀式、宗教行事に伴う衣装や道具から、水田耕作や狩猟のための道具に到るまで多様なものがあります。

入口にフィリピンの独立運動団体が掲げた「ＫＫＫ」の文字が入った赤旗がまとめて並べられています。植民地解放運動に立ち上がった「カプテイナン」の旗です。その前のケースにはリサールの著書二冊が置かれています。また、植民地支配に対する抵抗運動を行い処刑された三名の神父のイラストが飾られています。

天井から吊り下げられている看板には「人生と死」と書かれています。ガラスケース内にはフィリピンの先住民族の住居模型が置かれています。いずれも高床式で、まるで鳥の巣のごとく樹上高くに作られた住居もあります。これらは熱帯気候に適合した形態で、涼しく過ごせますし、獣の被

フィリピン文化博物館の展示

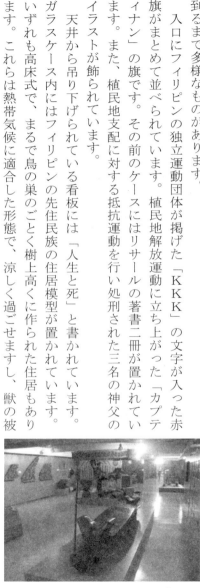

害からも身を守ることができたようです。

この博物館の展示は、ふだんあまり目にしない珍しい民族資料が多いようです。ミンダナオ島で用いられてきた木製の船や、馬の背に塔のような飾りを付けたものはいずれも葬送儀礼に使われた葬具です。人形を配置したジオラマは満月の夜に行われる祈りの儀式を表現したもので、パラワン地域で行われていた習慣に由来しています。

また、土着信仰に起因すると見られるものやキリスト教との融合が考えられるものなど多様な習俗の木造彫像が見られます。裸体に布をまとって踊る男女とその背後で打楽器を演奏する男性のジオラマはパラワン地方のものです。縦縞の織物はブランケットで遺体を覆うための布です。方形の骨をおさめる鍾乳石製の容器はミンダナオ島で使用されていたようです。金属製品ではルソン北部で使用されていた斧などが壁一面に並べられています。このほかルソン北部の竹製の笛、フルートなどの楽器も見られます。

❖アヤラ博物館　Ayala Museum

マカティ市の市街地にある近代的なビルがこの博物館です。ビルの前にある噴水の中に「ＡＹＡＬＡ　ＭＵＳＥＵＭ」の文字が見られます。このビルの四階、三階、二階が展示室で、一階はチケット売場や受付などが置かれたサービスフロアです。

最初にこの博物館を訪れた時は一階フロアで葉巻煙草展示が行われていました。かつてフィリピンは、スペインへの葉巻煙草の供給地として重要な役割を果たしていました。その時代の

アヤラ博物館入口

タバコ栽培の写真や葉巻煙草の生産のようす、タバコに関連するさまざまな容器や装飾品が集められていました。また当時の状況を描いた絵画やポスターも展示されていました。

二度目の訪問では、受付で四階から見るように案内されました。四階でエレベーターを降りるとすぐにステンレス製の格子で厳重に警備された黄金製品の展示室があります。この展示フロアは、出入口に完全武装のガードマンがいます。

中は中央が円形に区切られ、その外周のガラスケースに黄金製品が展示されています。代表的なものを上げると、一〇～一三世紀に作られたとされる人形型製品は一二センチ×七・五センチの大きさで、一七八七グラムあります。直径一三・一センチの装飾板（ボタン）は一〇～一三世紀の作品で三七グラムあります。耳飾りは四六・八グラム、五〇・二グラムあります。いずれも純金製の製品です。このほかにもすかし細工が美しい箱やマスクなどがあります。これだけ多くの黄金製品が収蔵展示されていると、警備が厳重なのも納得できます。

同じ四階フロアにアジア中の陶磁器を展示したコーナーがあります。最も多いのは中国で、原始時代の土器から唐時代の三彩、白磁をはじめ宋時代の青磁碗、鉢、壺など名品と呼ぶにふさわしい作品が展示されています。中国以外ではカンボジアのクメール陶器やタイのスワンカローク、ベトナム陶器、磁器など各地域をカバーしています。ただこれらの陶磁器の展示図録などが用意されていないのは残念でした。黄金製品とは対照的な展示内容ですが、考古学を専攻しているものにとってはこちらの方が魅力的なのです。

三階フロアでは、一八～二〇世紀のフィリピンを中心とするコンテンポラリー絵画の作品が展示されています。ミュージアム・ショップもありますが、簡単な展示案内やアクセサリーや絵画作品の図録で占められています。

二階フロアには一五～一六世紀頃（大航海時代）の四枚の大きな帆を広げた帆船をはじめ、フィリピン周辺を航行していた大小六隻の木造帆船の模型が置かれています。

次に、フィリピンの歴史の「ジオラマ体験」という展示があります。ジオラマは全部で六〇景あります。紀元前七五万年のフィリピンの先史時代から始まります。山中で石槍を手にした狩人が大勢で小象を狩っている様子が表現されています。ステージ２・３のジオラマはパラワン地域の洞窟での生活のようすです。紀元前五万年から六〇〇〇年頃とされています。岩の隙間から入る明るい陽射し、洞窟の中では鹿を解体する人や火を焚いて調理する人、さらには洞窟に遺体を葬っている人などが表わされています。

ステージ４はビコール地域での土器づくりのようすです。紀元前六〇〇〇年頃のこととされています。ここでは集落の人々が共同で土器づくりをしているようすが表現されています。とくに土器を焼いている場面の火は妙にリアルです。

土器づくりのジオラマ

次のステージ５はライス・テラス（棚田）の造成です。一一五〇年のこととして紹介されています。フィリピン北部にあるライス・テラスは、現在では世界遺産に登録されています。ここではその造成の様子を表現しています。ステージ６は鉄器の生産風景です。紀元前三一九〇年のこととして紹介されています。

ステージ７は中国との交易についてです。中央に座っているのは現地の王族でしょう。それに対して商品を売りつけているのが中国人商人です。交易品は水牛の角や陶磁器、布などです。ステージ８はイスラムとの出会いです。一一五〇年という年代が示されています。この時期以後イスラム圏からの人々の往来があり、一四七五年にはマレーシアからの使者がやってきたことを記録しています。

ステージ9は一五二一年キリスト教との出会い。これによりフィリピンの社会は大きな変化の波が訪れることになります。ステージ10では一五二一年のマゼランと地元首長ラプラプとの戦闘が示されます。ステージ12は、大砲の鋳造場面、ステージ16は一六〇三年に起こったマニラで最初の中国人の反乱の様子、ステージ21では一七四四年から一八二七年まで続いたボホール島で起こったダゴホイの乱の状況です。ステージ23は一七六二年のイギリス軍のマニラ占領、やがてフィリピンはスペインの植民地となり、独立運動に民衆が立ち上がっていきます。フィリピンの英雄ホセ・リサールについては、ステージ32、ステージ35で見られますが、35はリサールの公開処刑の場面です。

日本軍のマニラ進駐のジオラマ

ステージ48はアギナルド大統領が一九〇一年アメリカに拘束されるようすが描かれています。この後アギナルドはアメリカに忠誠を誓っています。

ステージ55は日本軍のマニラ占領が示されています。ステージ56・57は日本軍との戦闘を表現したもので、特にステージ57には死の行進として知られるバターンの悲惨な状況を表現しています。ステージ58は日本軍への抵抗、ステージ59はマッカーサーのフィリピン復帰、ステージ60はフィリピンの独立を示しています。途中省略しましたが、先史時代に始まる歴史のジオラマは、最後にフィリピンの独立で結ばれています。

以上のジオラマ以外にも、歴代大統領の身長の比較などのパネルもあります。このフロアの展示はビジュアルに、フィリピンの歴史を楽しめる内容になっていると思います。

❖カーサ・マニラ博物館　Casa Manila Museum

サン・オウガスチン教会の向かい側にあるスペイン統治時代の面影を残す三階建ての建物です。建物内部もスペイン風の様式を残した造りとなっています。ここにはスペイン植民地時代に上流階級の人々が暮らしていました。この博物館のあるイントラムロス地域は第二次世界大戦中にアメリカ軍の艦砲射撃を受け大半が破壊されましたが、戦後、建物群は修復されかつての姿がよみがえりました。また当時の家具調度品も集められ、この地域に居住した上流貴族階級の生活が復元されています。

建物の一階部分は通路として利用されていますが、二階から上の部屋は、当時の雰囲気が残されています。床は板張りであるため歩くと少々軋む音がします。このため通路には赤いじゅうたんが敷かれています。当主の部屋には仕事用の机や書類入れなどが置かれ、家族の寝室には家具、調度品とともにベッドがあります。家族団らんのための居間、食器や調

中庭にある井戸

カーサ・マニラ博物館

理具が置かれた台所等とともにトイレやバスルームも公開されています。バスルームはバスタブと水溜めの陶器製の甕があり、トイレは三階に一カ所だけあります。

部屋の写真撮影は禁止されていて、監視員がいます。中庭には飲料水に使われた井戸が残されています。一階にはコーヒーショップもあります。

❖バンブー・パイプ・オルガン博物館 The Bamboo Organ House

マニラ近郊のラスピニャスにある博物館です。

道路に沿った間口三間程のこじんまりした切り石造りのセントジョセフ教会があります。この教会に付属するアトラチョン・チャペルの赤い瓦葺き二階建ての建物に「オルガンツアー」と看板が出ています。ここが竹製のパイプを使ったパイプ・オルガンの博物館です。この博物館に続いて三階建ての小学校があり、子供たちのにぎやかな声が付近にこだましています。

建物に入ります。床面中央には、教会に吊られていたのでしょうか、大きな鐘が置かれています。チケットのチェックを終えて、博物館に入ります。

展示室はあまり広くありません。竹製のボードにフィリピンでのキリスト教布教の歴史が掲示されています。続いて、中央にオルガンの風を送るための鞴が置かれています。オルガンの鍵盤部分が何

バンブー・パイプ・オルガン博物館(右)

組か置かれています。そのうちの一つで音を出してくれました。よい音色の音が響きました。ほかの鍵盤は展示のためのもののようで、音は出ませんでした。

また、三角形の木枠にいくつもの小さな鐘（鈴？）を取り付けたものがありました。聞くとこれも楽器で、一方を持って振ると鐘（鈴？）が鳴るというつくりのものです。ただしどのタイミングで鳴らすのかは聞くのを忘れてしまいましたが……。

パイプ・オルガンに関係するもののほかには、教会らしくキリストの木彫像や聖人像なども無造作に置かれています。また自らの悪行を告白して許しを請うという電話ボックスを一回り大きくしたような告解室があります。これは現在では使用していないとのことでした。

一通り博物館内を見学した後、展示室の横に設けられた狭い石の階段を上って、教会の二階の板敷の部屋に案内されました。教会の中心である祭壇が見える部屋です。このような場所から礼拝堂を下に眺めるというのは初めての体

博物館の展示

パイプ・オルガンの生演奏を聴く

験でした。なかなか眺めが良いものです。

ここでオルガンの演奏を聴くことができました。教会の女性が畳一畳もないほどの狭い演奏場所に入り、鍵盤に向かって演奏を始めました。竹のパイプから澄んだ清らかなオルガンの音が堂内に響き、敬虔な気持ちになってきます。パイプは当然、竹製で、かなりの年月が経過しているように見えます。

笛や尺八などがありますから竹は楽器に向いているのは十分理解できますが、このような大型の楽器にも利用されているとは驚きでした。演奏はわずか数十秒で終わりましたが、パイプから出る澄んだ音の余韻がしばらく残っていました。

フィリピン独立の歴史に関する博物館

フィリピンは一六世紀のマゼランの到来以降、長らくスペインの植民地として支配され、続いてアメリカ、第二次世界大戦中は日本というように外国勢力による統治支配を経験してきました。そのため国の独立運動の歴史は長く、時代に翻弄されながらも、粘り強い活動が続けられてきました。この民族独立運動、抵抗運動の歴史を伝える博物館がマニラ周辺にあります。フィリピンの独立の英雄として人々の崇敬を集めている人物にホセ・リサールがいます。リサールに関する記念館や博物館、彼を顕彰した石碑や銅像は各地に建てられていますが、見学しやすいものについて紹介しておきます。

❖リサール記念館　Rizal Shrine

サンチャゴ要塞の中にある建物の一つです。フィリピンの英雄ホセ・リサールは処刑されるまでの二ヶ月間この地に投獄幽閉されていました。ここに彼の記念館が建てられています。

建物の天井はすでに失われ、残された壁も崩れ、まさに廃墟といった状態です。リサールが最後に歩いたとされる足跡の金属板が地面に張り付けられています。ガイド嬢によると、この足跡は要塞の門の外側にも延々と続いていたとのことですが、心無い者によってはがされてしまったようで今では残っていません。金属の足型は約三〇センチあり、大男のように思えますが、リサール

リサールが幽閉された建物

の身長は一六〇センチに満たなかったということです。

館内には、リサールの最後を描いた絵、スペイン兵士に背後から銃で撃たれている姿の大きな絵が飾られています。館内にはほかにも多くの展示品がありますが、この絵のインパクトが大きく、ほかの展示品がかすんでしまいます。

リサールは、一八六一年六月一九日にルソン島ラグナ州カランバで一一人兄弟の七番目（姉五人、兄一人、妹四人）として生まれました。一八七七年（一七歳）から、アテネオ学院（現在のアテネオ・マニラ大学）で農学、土地測量技術を学びます。一八八二年にサン・トマス大学医学部を修了後、ヨーロッパに留学しました。スペイン・マドリード大学医学部、哲文学部に入学し、一八八五年同大学哲文学博士、医学士号を取得しています。さらにフランスへ渡り、パリ大学でフランス語と眼科学を学んでいます。一八八六年二月からはドイツに移りさらに研鑽をつみます。ハイデルベルグ大学、ライプツィヒ大学、ベルリン大学で医学、社会学を学んでいます。一八八七年二月、ベルリンで最初の小説「ノリ・メ・タン・ヘレ」を出版しました。一八八七年（二六歳）でフィリピンに帰国し、故郷のカランバで医院を開業します。しかし間もなくスペイン人支配層から小説「ノリ・メ・タン・ヘレ」が反植民地的と問題視されます。このため、翌年再びフィリピンを離れます。

記念館の展示

日本、アメリカを経由して一八八八年五月ロンドンに到着したリサールは、ロンドン、ベルギー、パリの図書館に通い植民地以前のフィリピンの歴史を研究しています。一八九一年九月一八日には二作目の小説「エル・フィリブステリスモ」を出版します。その後、一〇月一八日にマルセイユを発ち、フィリピンに帰国しようとするも、リサールの反植民地主義を危険視したスペイン官憲の反対にあって、帰国はかないませんでした。

一一月に香港に着いたリサールは、眼科医院を開業しますが、翌年六月一五日にフィリピンに帰国し、「ラ・リガ・フィリピナ」(フィリピン同盟)を組織すべく活動を開始します。このため当局に逮捕され、ミンダナオ島北部のダピタンに流刑されてしまいます。流刑地では医者、教師として地元住民と交流したり、ヨーロッパの学者からの依頼で、ミンダナオ島の地質、昆虫、動物の研究を行っています。

一八九六年、刑期を終えたリサールは、かねてから希望していたスペイン軍の従軍医就任について総督の許可が得られたので、スペイン海軍の巡洋艦カスティリア号に乗船し、任地キューバに旅立ちました。しかし途中で秘密結社「カティプナン」が独立闘争を開始したとの報が入り、上陸地のバルセロナでスペイン官憲に逮捕され、フィリピンに送還されます。そして軍法会議にかけられ、一八九六年一二月二六日銃殺刑が宣告されます。処刑の前夜、遺言代わりの辞世の詩はランプに収められ、妹に渡されました。この詩は彼の祖国への強い想いを伝えるものでした。一二月三〇日朝、マニラ湾の見えるバグンバヤンの刑場でリサールへの銃殺刑が執行されました。

記念館の展示は、リサールが一八九六年七月三一日に流刑地ダピタンを出てマニラに向かった時から始まります。この年はフィリピンにとっても大きな意味のある年でした。八月二三日にフィリピン革命戦争がはじまり、八月二五日のスペイン軍との戦闘では双方に死者が出ています。一八九六年はリサールにとっては最後の年ですが、独立運動、革命運動の始まりの年でもあったのです。前年の一八九五年にはキューバ革命が起こっています。ちなみに、一八九二年七月七日に結成されたカティプナンは、機関誌『カティプナン』を一八九六年一月に創刊しています。

ジオラマでは、机に向かって何か書き物をしているリサールがスポットライトで照らされています。「最後の訣別」の詩をわずかなランプの灯を頼りに書いている姿なのでしょう。法廷での裁判のようすもジオラマで示されています。裁判所のジオラマは暗く、これからの時代を象徴しているかのようです。ここで形式的な裁判の結果、死刑が宣告されたのです。

リサールはサン・トマス大学で医学を学び、出身地のカランバ村で医者をしていました。ガラスケースにはリサールが使用した医療用の道具や筆記用具などが展示されています。また、ケース内には香港で眼科医をしていた時の名刺も展示されています。

リサールは芸術家としても非凡な才能を持っていたようです。彫刻作品がいくつかケースに入れて展示されています。その中でも一段と輝きを放っているのが「母の復讐」です。これは一八九四年に製作されたもので、ワニにくわえられた子犬を救おうと母犬がワニの背中に必死に食いついている姿を表した像です。スペインの横暴に対していかなる抵抗も無に等しいフィリピンの現状に対するリサールのやるせなさが重ねられているようです。「母の復讐」は国立美術館ナショナル・アートギャラリーや国立政治史博物館でも展示されています。いずれかがレプリカなのでしょう。このほか、一八九三年作の作業をする人物像や少女の顔、働く婦人の像、豚の像などの彫刻が展示されています。

ところで、遺言となった詩は、彼の死後遺族に届けられたランプの中から見つかりました。その詩を隠したランプと詩の全文は、ガラスケースに入れて大切に扱われています。同じものが国立政治史博物館

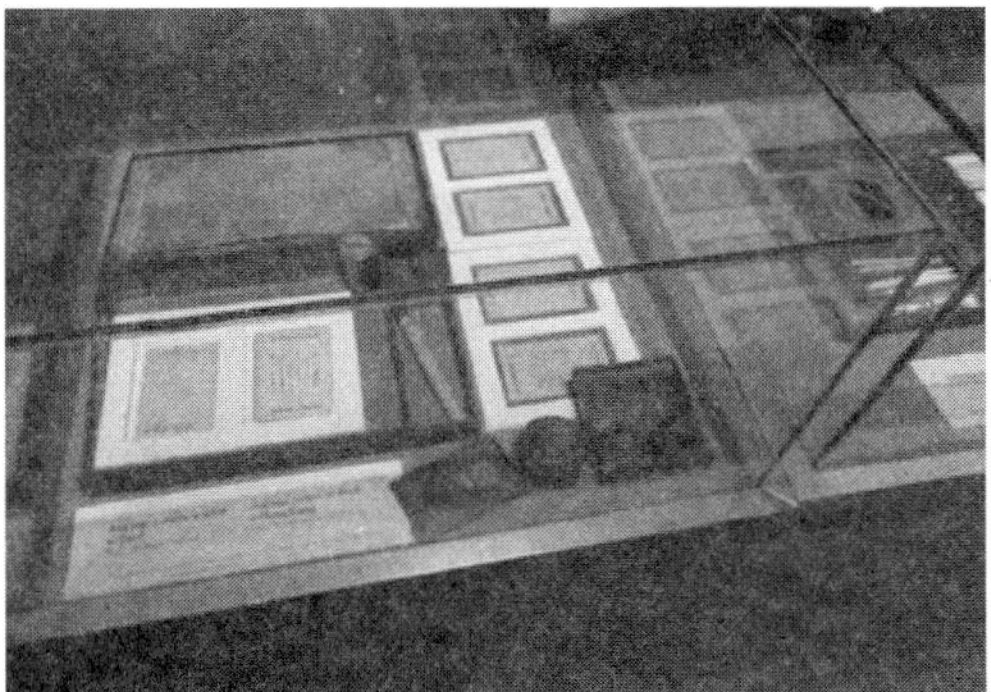

リサールが使っていた文具類を展示

リサールの肖像が印刷されたペソ紙幣

に展示してあります。これらはいずれかがレプリカなのでしょう。

リサールは死後フィリピンの英雄として広く顕彰されています。銅像はマニラをはじめ多くの場所に置かれていますし、紙幣には彼の肖像が印刷されています。一ペソ、二ペソ、一〇ペソ、一〇〇ペソ紙幣が展示されています。日本が統治していた時代の紙幣にもリサールの肖像が使われていました。フィリピン・イエズス会四〇〇年の記念切手などにも彼の肖像が使用されています。

また、リサールが長年にわたって収集してきたマニラ湾と周辺の海の貝のコレクションも二つのケースに展示されています。興味の対象が非常に広かったことが良くわかります。

ミュージアム・ショップはなく、事務所の前の廊下に土産物のアクセサリーとリサールの書籍が置かれたケースがあるだけでした。ここには博物館のガイドブックなどはありませんでした。

❖リサール公園・リサール記念碑　Rizal Park

リサール公園の中心部にひときわ高く目立つ石碑が建てられています。これがフィリピンの英雄ホセ・リサール記念碑です。石碑の正面にはリサールの正装した立像、その両脇には本を読む男性、赤子を抱く女

リサール公園の入口

リサール記念碑

性像などが配置され、その下方には「RIZAL」と金文字が刻まれています。国家的英雄を象徴するかのように碑の前には二人の衛兵が二四時間守衛しています。彼らの交代の時間に居合わせると、所持する銃を回転させるなどのパフォーマンスを見ることができます。碑の周囲は正方形にロープが張られ、衛兵が守衛する場所には立ち入ることができません。

その両端にはフィリピン国旗が掲揚されています。この国旗も厳重に管理されており、常に風にたなびいています。かつてニノイ・アキノ上院議員が国際空港で暗殺された際に行われた葬儀の葬列が公園にさしかかった際、弔意を示すために半旗とされたことがあったそうです。

このほかリサール公園には、マニラを起点とした距離を示す基準の石碑も建てられています。また、マゼランの上陸に抵抗した地元の首長ラブラブのブロンズ像もリサール公園の東端に建てられています。

❖リサール公園・リサールモニュメント　Rizal Park Rizal Monument

リサール公園のほぼ中央の北部に、「殉教者ドクターリサールの部屋」と名付けられた一角があります。入口部分には小さな噴水池が造られ、左手にはリサールの遺言ともいえる最後の訣別の詩の全文が英語、スペイン語、フィリピン（タガログ）語で刻まれた碑が建てられています。これらを見て奥に進むと、正面には長い壁があり、リサールの一生を簡単に表現したレリーフが見られます。さらに奥に進むとリサールモニュメントが目に入ります。その中にはリサールが銃殺された瞬間と、その銃撃を行ったスペイン兵士たち、さらにそれを見守る人々の群像が等身大のブロンズ像で示されています。

この処刑の瞬間のモニュメントの外周には、弁護士、眼科医、教師などリサールがついた職業がすべてブロンズ像で示されています。弁護士リサールは裁判官に激しく迫り、眼科医リサールは患者に接する優しい医者、芸術家リサールは机に向かってただ無心に製作活動に向かっています。こうしたさまざまなリサールの姿が見られます。

リサール銃殺の瞬間をリアルに再現したブロンズ

❖リサール訣別の碑群

サンチャゴ要塞はスペイン統治時代に建設された歴史的な遺跡ですが、その中には独立や迫害に関する施設も多く見られます。ここではリサールに関するもののみを紹介します。

リサール記念館から要塞の北西部壁までの一帯には藤棚が作られていて、その背面にリサールが死に臨んで残した詩が各国の言語に翻訳されて石碑や金属板に刻まれています。フィリピンの言語であるタガログ語、英語、フランス語、ドイツ語、スペイン語のほか日本語、中国語、韓国語などです。目が不自由な人のために点字の金属板も設置されています。

詩の一部は次のようなものです。
最後の訣別
さよなら、なつかしの祖国よ
東の海の真珠　失われたエデンの国よ（今は無きわが祖国よ）
いまわたしは、喜んできみに捧げよう、いや生命そのものを捧げよう
（喜んで君に捧げよう、貧しきやつれたこの命を）
さらに栄光と生気と祝福が待っているなら何をおしむことがあろう
………（以下略、カッコ内は異なる訳者による文章）

リサール公園にある訣別の詩碑には
全文が刻まれている

リサール記念館横の詩碑には
点字バージョンもあった

切々と語られる彼の心情が鮮やかに吐露されており、抑圧されてきた国民に強く訴えるものがあります。

❖リサール生家　Rizal Shrine Caramba

マニラ郊外のカランバにあるリサールの生家を訪問しました。ホテルを七時前に出発しましたが、ラッシュアワーの交通渋滞に巻き込まれて約三〇分はノロノロ運転。ようやく市街地の雑踏が消えると、徐々に田舎の風景となってきます。市街地でよく見たジプニー（米軍の使っていたジープを改造した乗合バス）もほとんど見かけなくなりました。車に揺られながら二時間余りが過ぎ、ようやくカランバの街に着きました。

リサールの生家は、二階建ての建物です。一階は石壁で囲まれた堅牢な造りで、二階は薄い緑色に塗られ、窓が周囲を囲む独特なものです。入場は無料ですが、寄付をお願いしますという表示が入口に掲げられていました。

リサールの生家

入るとすぐに馬車を入れていた車庫があり、さらに奥は薄暗く農家の倉庫のようです。碾き臼や唐箕、籠などの農具が無造作に土間に置かれています。家のようすから見てこの地方ではかなり裕福な家庭のようです。周囲の壁には昔のこの地域の地図や周辺の風景画などが掛けられています。また土間にはリサールの肖像が刻まれたメダルやコインがケースに並べられています。

リサールの子どもの頃の写真や彼が描いたという髭のある男性の落書きなども展示されています。中央に丸く広い石段が五段あり、それに続いて木製の手すりのある木の階段が一四段、二階に続いています。

二階には、リサールや姉妹たちの部屋や両親の部屋、居間、台所、トイレなどがあります。窓は広くとられていて、熱い気候に適した風通しの良い環境が整えられています。また台風シーズンには、風向きによって窓を閉め切り被害を防ぐようにもできているとのことでした。

農具の展示

階段近くにリサールの両親の部屋があります。両親の写真が壁に飾られ、中央には、やや大きめの木製ベッド、応接セット、机、本箱、キリスト像を中心に配した祭壇などが置かれています。姉妹の部屋は少し狭いようですが、それでも十分な広さで、ベッド、化粧台などが置かれています。このほかに家族が集まるための広い部屋があり、テーブルと椅子が置かれています。キッチンに続く食堂にはテーブルの上に瓜などの野菜が籠に入れて置かれています。

食堂には天井から手動の大きな扇風機が下がっています。これは一方から紐を引いて大きな扇を動かし、風を起こすものです。これまた壁際の食器棚には食事に用いる皿やカップなどの食器が整然と並んでいます。キッチンには、調理用のフライパンや鍋がコンロにかけられたまま置いてあります。

外には、ベランダもあります。また廊下には階下の井戸から水をくみ上げるための釣瓶があります。

この家は初代大統領であったアギナルドの設計であるとされています。

❖リサール生家記念展示館

リサール生家の隣に建てられた平屋建ての建物で、リサールに関する遺品が展示されています。

遺品にはリサールが身に付けたスーツやベスト、帽子などがあります。またリサールの姿を拡大した写真パネルにはリサール自身のサインも付けられています。

マニラのリサール記念館には、彼のついた職業に関する遺品が多く集められていましたが、ここでは少ないように感じました。彼の著書『ノリ・メ・タンヘレ』などは当然のことながらケース内に置かれています。

フィリピンの紙幣には彼の肖像が印刷されています。それは一ペソ、二ペソという小額紙幣に見られるものです。なぜ小額紙幣にのみ彼の肖像が載せられているのか、高額紙幣の方がより高く評価されていることにはならないのか、と単純な疑問をガイド氏に聞いてみました。返ってきた答えは、「リサールは国民の英雄であり、庶民の味方です、だから庶民がよく目にする一ペソや二ペソの紙幣に印刷されているのです」というものでした。しかし、植民地時代など混乱期には高額紙幣にもリサールの肖像が印刷されていました。

記念館の端にある広い部屋には、大きいテレビが用意されていて、リ

リサール生家記念展示館

サールの生涯を映像で紹介しています。リサールを役者が演じるドキュメンタリー・タッチの映像で、約一〇分の作品でした。

❖リサール生誕一五〇年記念公園

リサールの生誕一五〇年を記念して生誕の地カランバに記念公園が造られています。公園の面積は六・七ヘクタールもの広さです。道路を挟んで向かい側にはカランバ市庁舎があります。

公園の中心には、高さ二二フィート（六七メートル）ブロンズ製のリサール像があります。各地にあるリサール像の中で最も高いものです。ブロンズの周りには一五段の石段が設けられていますが、一段一段がそれぞれ一〇年を表わしているとのことでした。

最も大きいリサール像

❖フィリピン政治史博物館 Museum of Philippine Political History

マニラのリサール公園の隣に建てられた四階建ての近代的な白いビルがフィリピン政治史博物館です。外壁には、フィリピン政治上の事件を記録したブロンズのレリーフがはめ込まれています。この博物館は二〇〇二年一一月二七日に開館しました。

入口にはフィリピンが現在までその象徴として用いてきた旗が並べられています。「ＫＫＫ」とＫの文字が横に並ぶ独立運動の非合法結社「カティプナン」の結成当初の旗からフィリピン革命によって独立した現在のフィリピン国旗まで九種類の旗が掲示されています。

訪問時には、カティプナンを一九八二年に組織した中心人物ボニファシオの肖像切手のデザインコンテストが行われていました。

さらに進むと、大勢のフィリピンの子どもたちに囲まれたフィリピン国旗が大きなパネルで示されています。

次に海岸地域のジオラマが登場します。現地人と商人たちの交易風景を表しています。スペイン人が渡来する前の一五世紀までは、沿岸地域で中国人商人と現地人との交易が盛んに行われていました。交易によって得たと思われる小型の大砲のそばには、対照的に裸で武器を持つ現地人の姿があります。

フィリピン政治史博物館

探検家として知られているマゼランはスペイン隊を率いてセブ島に到着します。そしてセブ島の対岸のマクタン島を攻めます。しかし島の首長のラブラブ軍の攻撃にあってマゼランはあえなく戦死し、船団も壊滅状態で退散してしまいます。この首長ラブラブは、フィリピンでは英雄の一人で、リサール公園の東地域に銅像が建てられています。

しかし、ほどなくスペインの侵入が始まり、キリスト教も広がっていきます。キリスト教はフィリピンの社会に定着していきますが、一八七二年にはゴメス、ブルガス、サモラの三神父がカピテの反乱の首謀者としてルネタで絞首刑になるという事件が起きました。この三神父の運動に触発されたことが、後にリサールが小説『ノリ・メ・タン・ヘレ』『エル・フィリブステリスモ』を書くことにつながっていきます。

やがてスペインの圧政に対して、リサールらの抵抗が始まります。リサールが子供たちに授業をしている風景がジオラマで示されています。

リサールの彫刻作品「母の復讐」や、また彼の遺言でもある「最後の訣別」の詩を隠していたランプやその詩が書かれた紙なども展示されています。スペイン兵士に銃殺される場面の写真パネルも掲示されています。

一方、反植民地勢力のゲリラ闘争は、地下に潜行し、フィリピン各地に拡大していきます。秘密結社「カティプナン」がアジトとしていた洞窟のジオラマがあります。カティプナンのボニファシオに率いられた部隊がスペイン軍基地を攻撃するもあえなく敗退、一方、アギナルドは独自に軍隊を組織し、スペイン軍に勝利します。しかしカティプナンはスペイン軍の反攻にあい、また内部の抗争も起こり、ボニファシオをしりぞけアギナルドが指導権を掌握します。その後、紆余曲折を経て一八九八年六月アギナルドはフィリピン独立を宣言し初代大統領に就任しました（第一共和国）。

スペイン撤退後は、アメリカの支配、さらに日本軍の侵入、撤退を経て、ようやくフィリピンは独立を果たします。

アメリカ時代に大統領となったマニュエル・ケソンの写真と彼のサインや活動中の写真等が展示されています。マルコス大統領の登場とその独裁の時代、そして失脚までの歴史が展示されています。彼の失脚によってフィリピン最初の女性大統領となったアキノ大統領の登場とその支持者との触れ合いや、熱狂的に盛り上がった選挙活動の様子などの写真も掲げられています。

このほか、軍人から大統領になったラモス大統領、映画俳優のジョセフ・エストラーダ大統領など、現在に至るまでの歴代大統領の選挙運動中の写真や大統領宣誓式の様子、各種行事への出席の様子が写真パネルなどで解説されています。

中国と交易する
首長のジオラマ

リサールの授業風景のジオラマ

リサールの遺書
とランプ

マルコス大統領時代
の歴史展示

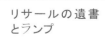

❖ケソンタワー　Quezon Tower

ケソン市はフィリピン最大の島であるルソン島の中部に位置し、マニラ市の北東部に隣接しています。ケソン市は一九四〇年から都市の建設が始まり、一九四八年にフィリピン共和国の首都と定められました。しかし、一九七六年にスペインの植民地統治時代以来の首都であったマニラに首都が戻され今日に至っています。

現在はマニラ市など四市一三町が統合されメトロマニラ（マニラ首都圏）となっていますが、ケソン市はメトロマニラのほぼ四分の一を占めています。市の名前は当時のフィリピン共和国大統領マニュエル・ケソンから命名されました。

タワーは三本の方形の柱で最上部の三角形の板を支えるという構造で、それぞれの柱の先端には黄金色のキューピット像（？）が付けられています。このタワーは初代大統領のマニュエル・ケソンを記念して建設されたものです。タワーと基礎部分は白く塗られ、周囲にはケソン大統領の業績を刻んだレリーフがはめ込まれています、

ケソンタワーのまわりは円形に舗装されて整備されており、そのまわりには樹木が植えられ緑地公園となっています。

ケソンタワー

❖ケソン記念塔博物館　Quezon Memorial Shrine Museum

ケソンタワーの下にあるフィリピン共和国大統領マニュエル・ケソンの業績を紹介する記念博物館です。ケソン大統領の等身大写真と、フィリピン独立時の大統領であることを示す文が印刷されたパネルがあります。次にケソンの生い立ちから大統領に到るまでの経歴とそれに関連する写真パネルの展示があります。いずれも大きなボードを用いたもので、写真は時代を反映して白黒です。これらのボードの間に日本刀を収めたガラスケースがありました。日本刀二振りとサーベル二振り、さらに白鞘に収められた短刀二振りの合計六振りが置かれていました。

ケソン大統領の等身大写真が

外国からの寄贈品が多い展示室

次のコーナーには、各国からケソン大統領に贈られた陶磁器や装飾品などの記念品が展示されています。中には翡翠で作られた仏像もあります。展示フロアから一段下がった中央部には国旗を背景に執務机と椅子が置かれています。また軍服姿のケソンの写真や入院療養中の写真、療養用の可動式ベッドなども奥のフロアに置かれています。

中二階の展示コーナーには一九三五年からのフィリピンの政治の歴史

や経済の動向などのパネルが掲示されています。とくにケソン大統領時代の経済については輸出輸入の数字をグラフで解説しています。

ケソン大統領の柩が収められている納骨堂がタワー一階にあります。

ケソン大統領

マニュエル・リュス・ケソン・イ・モリーナといい、一八七八年八月一九日現在のタバヤス（現在のケソン）州バレルで生まれました。一八九九年サン・トマス大学を中退してエミリオ・アギナルドの革命軍に参加します。しかし一九〇三年には大学を卒業、司法試験に合格し弁護士となります。タバヤス州知事を経て国民議会議員、上院議長を経て一九三五年にはコモンウエルズ（独立準備政府）大統領に当選しました。この後、日本の対米宣戦布告に伴いフィリピン占領後にアメリカに渡り、亡命政府を樹立しました。しかしフィリピンの完全独立を見ることなく一九四四年八月一日ニューヨークで死去しました。なお彼は一九三七年にタガログ語を国語と定めたことからフィリピン語の父とも呼ばれています。

❖アギナルド記念館　Aguinaldo Shrine

フィリピン共和国初代大統領エミリオ・アギナルドが居住していた建物がそのまま記念館とされたものです。訪問時には改修工事が行われていましたが、二階を含めた大半の部分は見ることができました。

居宅は一部に塔屋のある二階建ての木造建築です。二階には広い居間兼会議室があります。また同居し

アギナルド邸

ホール

書斎兼図書室

ていた姉たちの部屋や自身の書斎兼図書室、寝室など多くの部屋があります。中央にある居間兼会議室には木製の机や椅子がいくつも置かれて、机の上には、訪問者の写真が飾られています。その中にかつてこの家を訪問された皇太子（現天皇陛下）ご夫妻の写真がありました。

それぞれの部屋には新しい白いシーツを掛けた木製のベッド、化粧台、物入れ用の家具、長椅子やロッキングチエアなどが置かれ、女性の部屋にはドレスが一着ハンガーにかけられています。どれも美しく整えられた部屋ばかりです。廊下には薬品貯蔵用の保管用物入れがあります。アギナルドの肖像画の前には日常使っていた靴やスリッパ、ステッキと帽子、軍刀などが、ガラスケースに展示されています。

塔屋に上る階段があります。また二階の天井の屋根裏にはアギナルドが隠れた部屋や抜け道用の通路があります。部屋の案内をしてくれた上品な老人は、この抜け道について得意げに語ってくれました。トイレやバスルームは使用できないようになっていますが、清潔に保たれているようです。

フィリピン独立の歴史に関する博物館

三階の窓から前方を望むと、居宅の前に広がる公園にはアギナルドの乗馬姿の銅像が見えました。さらに階段は上に続いていて、案内の人がよかったら登りませんかと誘ってくれたのですが、あまり頑丈な階段でもなさそうなので丁重にお断りしました。

エミリオ・アギナルドは一八六九年、カウイトに生まれました。青年期に父親、次兄が死去し、バランガイの首長を一七歳で引き継ぎ、また二五歳で長兄が務めていたカウイトの町長を引き継ぎます。一八九五年には一八九二年に結成された秘密結社カティプナンの代表であったアンドレス・ボニファシオとマニラで出会い、入会します。やがてボニファシオの軍は武装蜂起しスペイン植民地政府と武力抗争の末、敗退し続けます。一方、アギナルドも独自の軍を組織し、スペイン軍と戦い、いくつかの戦闘では勝利しましたが、結局は敗れます。その後、カティプナンの内部抗争の末、ボニファシオを粛清し、アギナルドが指導権を握ります。一一月にビアクナパト共和国を樹立し、自ら大統領を名乗ります。その後、香港へ亡命しますが、アメリカ軍がスペイン艦隊を壊滅させた後、アメリカの後ろ盾によって独立戦争を再開します。スペイン軍に勝利したフィリピン革命軍は一八九八年六月一二日、カウイトのアギナルドの自宅に各国代表や新聞記者などを招き、フィリピンの独立を宣言します。アギナルドは、翌一八九九年一月二三日、フィリピン共和国初代大統領に就任します。

アメリカ軍と密約を交わして、スペイン植民地政府は降伏しました。その後、アメリカとスペインの間でフィルピンの領有権を定めたパリ条約が批准されます。これに反発したフィリピン国民は一斉に抗議しましたが受け入れられず、二月五日にサンファン橋事件が勃発します。これにより約三〇〇〇名のフィリピン側の死傷者が出たことから、アメリカとの間に新たな戦争が起こります。戦争は二年一か月におよび、フィリピン軍一万二〇〇〇人、アメリカ軍四〇〇〇人、フィリピンの非戦闘員犠牲者二〇万人もの戦死者を出して終わりました。これにより、アギナルドは一九〇一年四月故郷に戻り、長い引退生活に入ります。

一九三五年九月に実施されたフィリピンコモンウエルスの大統領選挙に出馬するも大差でケソンに敗れ国政復帰はできませんでした。

第二次世界大戦時に対日協力者であるとして、パラワン島の収容所に収容されますが、大戦終結後の一九四六年、ロハス大統領によって恩赦が与えられ釈放されます。一九四六年七月四日のフィリピン第三共和国の独立記念式典にはフィリピン国旗を高々と掲げるアギナルドの姿がありました。一九六二年に日本の皇太子（現天皇陛下）ご夫妻がフィリピンを訪問された際、アギナルドは九三歳になっていて病気療養中でしたが、一時退院して自宅にご夫妻を迎えました。これにより、悪化していたフィリピンにおける対日感情を和らげることができたとされています。アギナルドは一九六四年二月六日九四歳で死去しました。

アギナルドの墓

❖アギナルド墓地

アギナルド記念館の後ろの敷地内の奥に葬られています。柩は黒い石に覆われた長方形のもので、背後にはフィリピン国旗が掲揚され、風にたなびいています。花輪や供花はなく、ただぽつんと柩だけが置かれています。

❖バウチスタ博物館　Bautista Museum

マニラの下町でもある中国人街の混沌とした街並みの中にある独立運動に関する博物館です。あまりにも古いこの建物は、崩壊の危険さえ感じられます。建物の中に入ると、抵抗運動の旗印ともいえるＫＫＫの文字がはいった赤旗や、髑髏マークとＫの文字が見える黒い旗などが置かれています。

革命運動家の姿を示したパネルが壁面を飾っています。奥の壁面には黒いキリスト像がおかれています。建物は二階建てで二階は壁一面に写真パネルが貼られています。この建物は彼らが集まり秘密の会議を重ねたマニラでの隠れ家でした。

バウチスタ博物館

黒いキリスト像

KKKは抵抗運動の旗印

❖カティプナン博物館 Museum of Katipunan（Pinaglabanan Memorial Shrine）

フィリピンの独立の英雄としてはホセ・リサールが知られていますが、独立運動家としては、アンドレス・ボニファシオもよく知られています。彼が中心となって一八九二年に結成した秘密結社「カティプナン」に関する資料を展示し、顕彰している施設です。秘密結社のメンバーが集まり会合したジャングルのアジトをジオラマで復元しています。また彼らが使用していた武器がガラスケースの中に展示されています。彼らの持っていた主な武器はボロと呼ばれる粗末な山刀で、ほかにはライフル銃やレミントン銃をわずかに持っているという程度でした。仲間との血の結束の儀式を行っている場面がジオラマで再現されています。また、隣接する公園には抵抗運動を象徴するモニュメントがあります。

カティプナン博物館

秘密結社に関する資料展示

血の結束の儀式をジオラマで再現

科学・教育・子供のための博物館

マインド・ミュージアム
エクスプロレウム
ムゼオ・パンバタ

子どもたちにとって、科学は未知の領域への旅であり、想像力を育む大きな力となります。世界各地の科学博物館は、この子供たちに向けたさまざまな情報を発信しています。低年齢の子供たち向けの子供博物館も各地に建設されています。フィリピンにおいてもムゼオ・パンバタは、低年齢の子供向けの博物館として建設されました。展示もユニークなものが多く見られます。

❖マインド・ミュージアム（科学博物館）Mind Museum

おしゃれな若者たちに人気のエリア、タギッグ市ボニファシオ地区にあります。博物館の名前からは、心のコントロールに関する博物館という印象を持ちますが、実際は科学博物館でした。博物館の建物は近代的なビルで、二〇一二年三月に子ども向けの科学博物館として開館しました。子ども博物館としてはすでにムゼオ・パンバタがありますが、こちらの博物館は大人も一緒に楽しめるようになっていて、高学年向けの科学博物館のようでした。

ガラス張りの建物の中に入ると、ロビー正面にはハローと書かれた文字を背にロボットが置かれています。人がくるとセンサーが反応し、ロボットが動き音を出します。ロボットの動きは簡単なものですが、観客には珍しがられているようです。

マインド・ミュージアム入口

展示は一階と二階の二つのフロアが使われていますが、中央が吹き抜けになった一階フロアの面積が広く、展示の中心となっています。

まず、イントロスペースに入ります。ここで一〇の体験ができるコーナーに分かれます。正面には宇宙コーナーがあり、夜空に輝く無数の星をイメージした世界が広がっています。左手奥には宇宙に関する映像コーナーがあります。時間を決めて一〇分程の映像が上映されています。右の展示コーナーでは宇宙のしくみ、太陽と惑星の関係、空がなぜ青いのかという原理を説明しています。「なぜ空が青いのか」という疑問に対する答えは、光が空気中を通過する時に起こる現象で、空中の埃などが太陽光線を反射してできる現象だということです。日食を説明するジオラマもあります。

短いトンネルを通ると地球のコーナーです。トンネルの壁がぐるぐると回転していて驚きました。まず猿と同じ先祖から人間へ進化してきた過程を等身大の模型で示しています。さらに「宇宙時間」という展示があります。地球の誕生から現代までの、気の遠くなるような長い時間をたどった地球の歴史を二四時間に換算して表わします。これによると人類の誕生以降の時間はきわめて短いものであることがわかります。地球の誕生から、植物の誕生、動物の誕生と続く地球の歴史をたどります。フィリピンでの人類の登場は今から二万五千年前で、それは午後一一時五九分二五秒に当たります。また農業が始まったのは、一一時五九分五九秒八一四のことです。

化石の展示では化石の発掘現場のジオラマやアンモナイトや小さな魚類の化石が展示されています。さらに、地中深くにあるマグマのエネルギーが蓄積され、噴火に到るまでの動きをわかりやすくジオラマで示しています。また大きな恐竜の骨格標本も復元展示されており、子供たちの人気を集めていました。

続いては人間についてのコーナーです。人間の体内の臓器について、それぞれの機能と状態についてジオラマとパネルを使って説明しています。心臓や脳の構造の模

恐竜の骨格標本展示

地球（宇宙）時間表示の展示

型や遺伝子ＤＮＡの展示などがあります。内臓や脳はいずれもカラフルで、変なリアルさがなくあっさりとした模型となっています。

化学についての展示は、化学式の苦手な方には少々酷かもしれませんが、「物事を考える」というこの博物館の趣旨からすれば必要なのでしょう。このほか磁力の原理、反発する磁気の説明が簡単な器具を使って行われています。

二階フロアはテクノロジーフロアと名付けられています。エスカレーター両脇の壁には科学に関するパネルが貼られており、多くの問いかけがあります。ここでは「どのように生きるのか?」「我々はどこから来たのか?」「どれほど自分たちのことを知っているのか?」「どのように歩めば?」等々「どのように?」という質問が次々に出されます。例えば「How we live?」では具体的にファッション、言語、香り（香水）、音楽、印刷物などの展示が見られます。例えばファッションコーナーでは各時代の美しく仕立てられたドレスを着たマネキンが展示されています。

周囲の展示台では三本マストの帆船模型やフェラーリＦ50という白いスポーツカーの模型が置かれています。このＦ50は一九九七年七月にイタリアで三四九台のみ生産されました。最高速度は三一二キロです。

展示物の相互の関連が明らかでないものが多いようですが、それらを見て何を考えるかが、あるいは思いめぐらすかが問題なのかもしれません。

❖エクスプロレウム　Exploreum

パサイ市のマニラ湾埋立地に二〇〇六年に開店した総敷地面積四〇万平方メートル及ぶ巨大なショッピングモール、ＳＭモール・オブ・アジアがあります。このＳＭモールのエンタテイメントブロックにあるファミリー向けの科学博物館です。マインド・ミュージアムより規模は小さいのですが、中の展示などはよく似たコンセプトです。メインテーマは、自然の世界、人体の不思議などです。

中に入るとまず中央にプラネタリウムがあります。そしてフィリピンの自然界の不思議についての展示が始まります。ラフレシアという世界最大の花の模型が置かれています。アーケオロジーボックスと表示されたケースには、石器、貝の化石、恐竜の化石が並べられ、ケースの半分に砂場と刷毛が置かれています。おそらく考古学の発掘作業で遺構・遺物を見つける様子を表現したものと見られます。

人体の不思議というコーナーでは、人の臓器の役割を示しています。カラフルですが展示物が少なく物足りなく感じます。人間は速く移動するためにどんなものを造ってきたかを展示しているコーナーがあります。自転車からセダンやスポーツカーなど車の写真が展示されています。スポーツカーのタイヤやホイールを展示しているコーナーがあります。現在使用されているヘリコプターやジェット旅客機のプラモデルが多数展示されているコーナー

考古学資料の展示

「人体の不思議」コーナー

もあります。ここでは空港や空の交通システムを展示解説しています。子供向けには飛行機の模型が置いてあり操縦席に乗り込めるようになっていますが、これも遊園地にあるような簡単なものです。

このほか静電気のコーナーでは、静電気の発生によって、装置に触れていると髪の毛が逆立つという体験ができます。ほかには天井に無数の太陽光発電機を付け、そこで作った電気で動く電気自動車やさまざまな最近の乗り物が置かれていましたが、直接乗ることはできませんでした。

宇宙コーナーでは宇宙服やさまざまな星雲について模型で説明するコーナーがあります。中央のプラネタリウムを地球に見立ててその周囲を回るアポロ宇宙船の姿もあります。

❖ムセオ・パンバタ　Museo Pambata

マニラ湾沿岸を通るロハス通りに沿って行くと、オーシャン・パークの入口に通じる道路との交差点があります。その左側角にある建物が、子供のための博物館です。街路に沿った外壁には「Child Museum」と表記されています。

入口の天井には赤、青、緑という原色の三角旗が縦横に張り巡らされており、なんとなく幼稚園か小学校低学年の教室に入ったような気分になります。一階ロビーには、手作り感一杯の派手な色使いの色紙と竹で作られた高さ一メートル余りのゲートが二個置かれています。

館内は「環境」「昔のマニラ」「世界の子どもたち」「将来の仕事」「体の働き」などのテーマに分けられ展示が行われています。

ムセオ・パンバタ入口

子どもにもわかりやすく、工夫された展示

まず「環境」のコーナーでは動物と緑の植物と自然をモチーフにした展示があります。自然の仕組みや植物連鎖の説明あるいは模型を用いた人間の体内の構造の解説などをイラストやジオラマを用いて簡単に解説しています。見学の子どもたちは、どちらかというとジオラマなどよりは、滑り台などの遊具のほうに夢中でした。

「世界の子どもたち」のコーナーは、ロビー側で万国旗が飾られています。大きな世界地図には、国旗と国民の姿が小さなパネルで示されています。人々の顔写真もパネルで掲げられています。世界には肌の色の異なるさまざまな人間がいるということがわかるでしょう。小さなパネルには、それぞれの国の言葉で「こんにちは」という言葉が添えられています。

フィリピンの国土が拡大された地図が置かれています。子どもたちが開かれた窓から世界を見るというコンセプトから、この博物館のコレクションの人形がガラスケースで展示されています。日本の場合は、着物を着た日本舞踊を踊る女性の人形や沖縄の晴れ着の紅染衣装を着た女性の人形、羽子板や大型のこけし人形などが展示されています。韓国では、晴れ着のチマチョゴリ姿の女性と帽子をかぶった正装の男性人形があります。ヨーロッパでは、豪華なドレスをまとったフランス人形や、ロシアの民族衣装の人形があります。また、アフロヘアーの人形、東南アジア地域で見られる影絵人形や操り人形も集められています。このコーナーは子供たちの関心が高く、人だかりができていました。

一階奥には「昔のマニラ」の展示があります。ここにはキリスト教の教会の模型や中世の帆船などの模型が展示され、フィリピンが中世に大きく変貌したことを示しています。

またかつて市街地の主要な交通手段であった路面電車が展示されており、子どもたちが中に入って椅子に座れるようになっています。フィリピンといえば独特な自動車ジプニーがありますが、その大きな模型も置かれています。

円形の舞台の壁面には電話の受話器があり、フィリピンの歴史上の人物の声が聴けるようになっています。ここではホセ・リサールなどの似顔絵が描かれたパネルが掲げられていますが、人物の詳しい説明は見られませんでした。

「体の働き」のコーナーでは、大きく開いた口から入ると、血管の赤で染まったのど、胃腸へと入っていけます。体の中の臓器がどのような色や形をしているのかなど、部分的に拡大されたジオラマを用いて解説されています。なおマインド・ミュージアムにも同じような展示コーナーがありますが、こちらの展示は幼児向けの簡単な構成になっているようでした。

世界の人形をコレクション

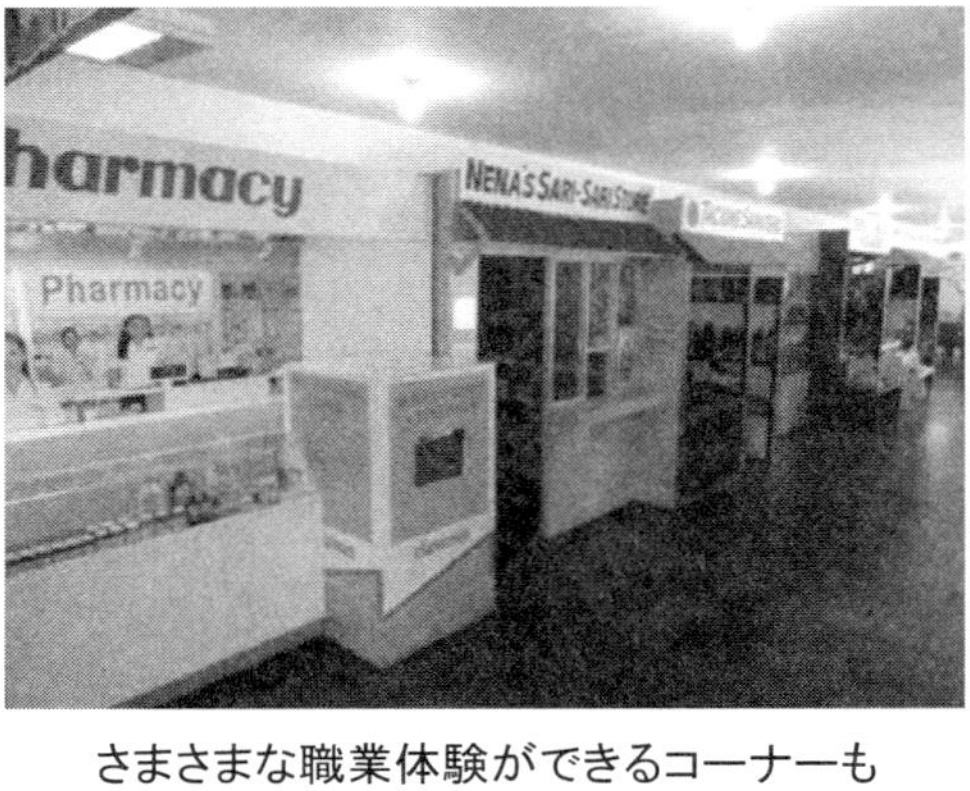

さまさまな職業体験ができるコーナーも

二階には「将来の仕事」と題したコーナーがあります。ここには子供たちが将来就きたいさまざまな仕事のジオラマが造られています。八百屋、薬局、新聞の街頭販売、消防車が置かれた消防署、籠や農機具が置かれた農業用の小屋、珍しいものでは食物を扱う屋台など、実にさまざまな店先が簡単にジオラマで作られています。ここではあくまで商売や仕事のイメージを大切にしたジオラマで、厳密なことは省略されています。子どもたちには思い思いの仕事のジオラマに入って、お仕事ごっこを楽しんでいるようでした。

出口には図書室があり、より深い知識を得ようとする熱心な子供たちに答えています。備えている書籍はイラストが多用された絵本や、漫画が大半ですが、ここも人気があるようでした。このコーナーにはインストラクターがいて、子供たちの読書を助けています。

美術（絵画・彫刻・工芸）に関する博物館

国立美術館ナショナル・アートギャラリー
フィリピン文化センター
メトロポリタン美術館
ユーチェンコ博物館
GS－S美術館
ロペス記念館
ヒラヤ・ギャラリー
リオンゴレン・ギャラリー
ボストン・ギャラリー

ここでは芸術、とくに美術・彫刻・工芸に関する作品を展示する美術館、ギャラリーを訪ねます。本格的な博物館もあれば個人経営の小さな画廊も含まれています。

フィリピンの美術工芸に関する博物館は、マニラを中心に大小合わせると二〇を超える施設があります。そこに展示されている作品はフィリピン人芸術家の作品が圧倒的に多く、とくにコンテンポラリー芸術の作品が多く見られます。なおアヤラ博物館は、美術品の展示が見られますが、歴史・民俗の章で紹介していますのでここでは記述を省略します。

❖国立美術館ナショナル・アートギャラリー National MuseumNationar Art Gallery

リサール公園の隣、ブルゴス通りに面しています。ギリシャ風のイオニア式円柱が特徴的な建物は、一九一八年から国立図書館として建設が開始されましたが、資金不足などで何度か中断しました。その後、アメリカ人建築家、都市計画家ダニエル・バーナム（一八九三年のシカゴ万博の総指揮者）によるマニラ都市計画事業の一環として見直され、アメリカの援助を受け総工費五万ペソを費やして一九二六年にようやく完成しました。建物は一階が図書館、二階、三階を議会上院と下院が使用していました。二〇〇三年から国立美術館とすべく改修工事が始まりました。

入ってすぐに白い大理石の彫刻像があります。タイトルは「無題」とありますが、ギレルモ・トレンティーノが一九五〇年に製作したもので、高さは二・九メートルあります。その奥にある大きなホールは別名マスターズホール（巨匠の部屋）と呼ばれています。

正面には「強奪（Spoliarium）」と題されるフィリピンの画家ファン・ルーナの大作が飾られています。キャンバスに油彩で描かれた横七・六七五メートル、縦四・二二一メートルの大きなものです。絵のテーマ

国立美術館

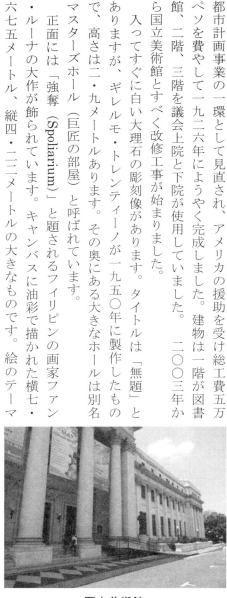

ギャラリー正面の彫像

ファン・ルーナ作『強奪』

「バシの反乱」をテーマにしたシリーズ作品

宗教芸術の展示

宗教彫刻の展示

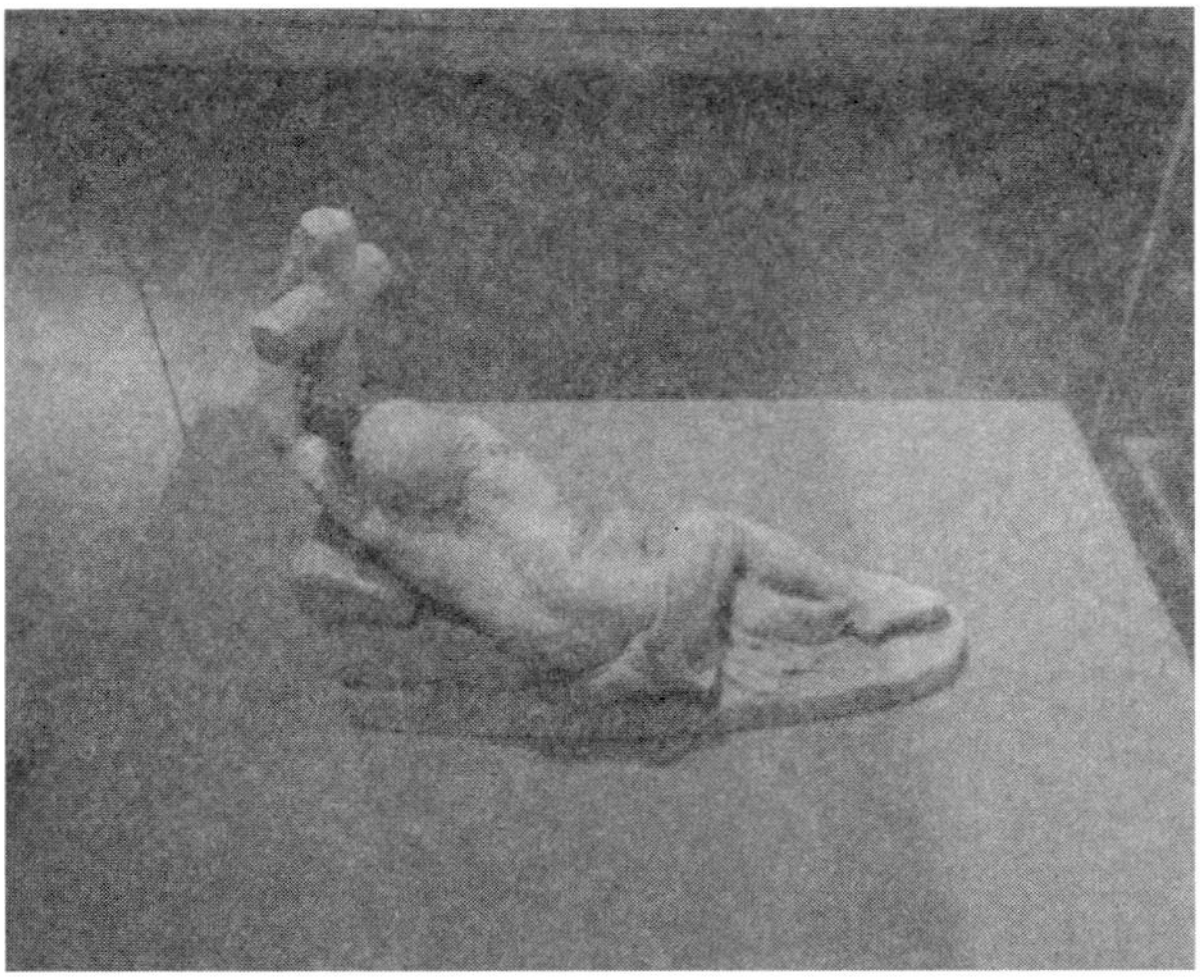

リサールの作品。十字架にすがる人物像を表現した作品は、1893年製作のテラコッタ像

は、ローマ時代のコロセウムで見世物として繰り広げられた剣闘士（奴隷）の死闘を象徴として、栄光のローマの歴史の一端を垣間見るというものです。画面中央にはローマの兵士に引きずられていく剣闘士の姿が描かれています。当時のフィリピン人には、長くスペインに支配されている自分達の姿を映していると見えたのでしょう。作者のファン・ルーナはフィリピンで教育を受けた画家で、その後スペインに渡って、一八八四年マドリードの芸術博覧会で金メダルを獲得しています。

このほかにもいくつかの作品が展示されていますが、ルーナの作品の圧倒的な迫力のせいか、ほかの絵画の印象はかすんでしまうようです。

ギャラリーⅠは、一七世紀から一九世紀の植民地時代のフィリピンの教会の宗教芸術作品が並べられています。とくに奥に展示されているアップライトパネルは複雑な彫刻を組み合わせたもので、古いローマ・カトリック教会の様式を持っていますが、一八世紀に作られたと考えられています。このほか木造の聖人像も多く見ることができます。

ギャラリーⅡは、ＦＣＣＰホールとも呼ばれています。ここにはフィリピンで最も古く製作されたもので、歴史的な事件を描いた絵画が展示されています。例えば、「バシの反乱」をテーマにシリーズで描いた作品があります。一八二一年に描かれたものです。バシ（サトウキビ酒）にかけられた関税と規制に対して、一八〇七年にルソン島北部でスペインに対してエステバン・ビリヤエスパを中心に現地の人々が武装蜂起したものの鎮圧された事件です。

ギャラリーⅢは、フィリピンを代表する芸術家であるファン・ルーナとその時代の代表的な作家の作品を集めたギャラリーです。とくにグリーンの壁面をバックに展示されている作品はアカデミックでロマンチックな時代の作品にふさわしいものです。この展示室にはフェリクス・イダルゴによって一九世紀に描かれた「ダスマン知事」と題された作品があります。この絵画は、ダスマン知事とドミニカの修道士がひ

フェリクス・イダルゴ作「ダスマン知事」

そひそ話をしている様子が表現されています。スペインの植民地統治の時代、本来は分離しているはずの権力が聖職者と政府の両者によって占められていることを、この絵は世の中に知らしめました。この時期の画家による当時の政治に対する可能な限りの抵抗がこのような形で表れているのでしょう。

ファン・ルーナの作品はこのほかGSISコレクションの一八九二年に描かれた「パリジェンヌの生活」と題される油彩作品があります。

ギャラリーⅣは、サンチャゴホールとも呼ばれています。ここは赤の壁面となっています。主に一九世紀後半の時代の作品が展示されています。

ギャラリーⅤは、国民的英雄の作品が集められています。リサールの作品が主体です。「母の復讐」と題される作品は、子供を咥えて離さないワニの背に果敢にかみつく母犬の何ともやりきれない姿を表現したもので、見る人の胸を打ちます。また十字架にすがる人物像を表現した作品は、一八九三年製作のテラコッタ像です。このほか、洗濯をしている婦人像でしょうか、三個のわずかに異なるポーズをとる彫刻が置かれています。このうちの中央の作品がリサールによる一八九四年製作のもので、右手のものは製作年不詳、イサベル・タンピーコの作品で両者は石膏製です。左端のものはグイレモ・トレンチーノの一九六一年製作のブロンズ作品です。

「リサール博士の肖像」と題された絵画は、フェリックス・ゴンザレスの一九六二年の作品です。製作年代から見てこの作品は直接リサールを描いたものではなく、残された資料などによって描かれたものでしょう。このほかリサールの石膏の胸像がありますが、これについてはグリエルモ・トレンチーノ作とありますが、製作年代不詳と表示されています。

ギャラリーⅥには植民地時代後期の作品が集められています。フィリピンの近代主義の始まりの作品も含まれているそうです。

ギャラリーⅧはシルビーナトファン・C・ラヤホールとも呼ばれています。内容的には先のギャラリーⅥに連続するか同時期の作品です。

ギャラリーⅨにはフィリピンの近現代の代表的な作家の作品が展示されています。

このほかＧＳＩＳ財団のコレクションも複数の展示室で展示されており、フィリピンの各界の代表的な人物の肖像画などを見ることができます。

❖フィリピン文化センター Cultural Center of the Philippines

マニラ湾の沿岸部に建設された演劇やコンサートなどの劇場を中心とする多目的施設で、ＣＣＰともよばれています。

この文化センターは一九六九年、マルコス大統領の時代にイメルダ夫人によってフィリピン文化の発信基地として建設されたものです。白い方形の箱を重ねたような斬新な設計はフィリピンの建築家アンドロ・ロクシンによるもので、マニラのランドマークとなっています。

建物の前の広い通路は、普段はまったく自動車の通行がないこともあって、早朝には市民のジョギング

文化センターのギャラリー展示風景

やウォーキングの恰好のコースとして利用されています。またコンサートなどの催しがあるときには多くの観客が列をなしています。文化センターの中には絵画および彫刻の展示ギャラリーと伝統文化に関する民族資料、民族楽器のコレクションの展示場があります。

■絵画芸術展示ギャラリー

センター内にとくに展示室が用意されているわけではなく、壁面を利用して絵画作品などの展示が行われています。いわば小さな個展会場とでもいうべきものです。異なったフロアにそれぞれ別の展示が行える複数のギャラリーがあります。ギャラリーの案内は催事を知らせる告知板に表示されており、簡単なガイド・ペーパーや記名ノートなどを置いている受付も用意されています。

センターには、ロビーにリトル・テアターギャラリー、二階に2Fホールウエイ・ギャラリー、三階に3Fホールウエイ・ギャラリー、4階には4Fホールウエイ・ギャラリー、同じく四階にはスモール・ギャラリーがあり、それぞれで小さな展示が行われています。

訪問時には、マーク・アンデイ・ガルシアという画家の作品展「時間の経過」が行われていました。作品はキャンバスに油彩で描かれたものでコンテンポラリー・アートです。受付の人はいませんでしたが、記名ノート（芳名帳）などは置かれていました。このほか額装された銀細工の展示も見ることができました。

これらのギャラリーは壁面を利用していることもあって、立体的な彫刻作品などは無理ですが、額装できるようなコンパクトな彫刻作品などは展示されています。

また別の機会に訪問した際には、フィリピン文化博物館前の通路で絵画展示が行われていました。

❖メトロポリタン美術館　Metropolitan Museum

マニラ湾に沿って走るロハス通りに面した美術館で、かつて中央銀行として使われていた建物を利用しています。建物はコンクリート造りの近代的なオフィスビルで、博物館の建物には見えません。

館内は広く、一・二階の中央部は吹き抜け構造となっており、建物内部は開放感が十分感じられます。展示は一階、二階、及び地階フロアで行われています。一階フロアでは企画展示が行われ、二階フロアではフィリピン人芸術家の油絵、水彩画、デッサンなどの現代作品が常設展示されています。

この常設展示は二〇一三年に始められたもので、二〇世紀半ばのフィリピンにおける現代アートの作品を中心に、一九八〇年代

メトロポリタン美術館

から現在に至るまでの作品が集められています。フィリピンの近現代芸術を総合的に紹介しており、「ザ・フィリピン・コンテンポラリー」と題されたコーナーになっています。

展示はいくつかのコーナーに分かれています。前半部分では一九一五年から現在までのフィリピン美術史の流れに沿った作品が展示、紹介されています。このほか近隣諸国に住む画家の作品も見ることができます。一階展示コーナーは、一定期間を定めて、現代フィリピンの芸術界で活動している若手から中堅の芸術家たちの作品が主体の展覧会が行われています。

地階の展示フロアには「Pre-Colonial Gold & Pottery」（植民地以前の黄金と土器）と案内板が掲げられています。地階フロアは、大きく三つのコーナーに区分されています。

中央はキリスト教関係のキリスト像や天使像で、一一世紀から一九世紀頃の宗教芸術作品が展示されています。近・現代美術とは全く異質の世界が展開しています。ここでは、フィリピン中央銀行が収集してきたコレクションのうちで、宗教芸術、金の装飾品、土器のコレクションの展示が行われています。コンテンポラリー・アートを見続けてきた眼には、これらの素朴な作品や身に着けるアクセサリーの展示はある意味ほっとします。左手の展示室のケースには珊瑚や琥珀あるいは宝石を使用した装飾品と純金製の金製品の展示が見られます。金製品では二四金のブレスレット、イヤリング、ピアス、ブローチなどのアクセサリーが展示されています。黄金製のピアスとされるものは耳に付けるとかなりの重量になるのではないかと思われます。ほかに二四金のボタンやネックレスなどがあります。ネックレスの総延長が一四七センチになるものも見られます。制作年代についてはほとんど記載がなく、あっても一一世紀から一六世紀というようにかなり幅があります。

このフロアの金製品はいずれも金の純度が高いものばかりです。金製品は、さすがに中央銀行のコレクションだけあって豊富な金を材料に作られた、女性の目を惹く豪華な作品ばかりです。

また「一九六〇年アルトロ・サントスコレクション」と表示されたビーズ製品などの装飾品も展示されています。サントスはビーズのコレクターでした。ここには黄金製の細かな彫刻が見られるエンド・キャップ・ポイントと呼ばれる刀の鞘状製品、また黄金製だけでなく色鮮やかなビーズの装飾品や一六世紀のデスマスクなども数点展示されています。

地階フロアは植民地時代以前の作品コレクションを展示しています。右手展示室には、釉薬の施されていない素焼きの茶褐色の土器が集められています。国立博物館の考古学コーナーで見るものより、洗練された作品が多いようです。なお発見地がラグラー洞窟やバタンガス地域という点では、国立博物館のものと共通しています。土器はデザイン性を重視した素朴な魅力ある作品ばかりで、ガラスケースに、隙間なく並べられています。器種には鉢、碗、高杯などがあります。

バタンガス出土の高杯の脚部には三角形の透かし窓が穿たれているものや、胴部上位に把手を二個ないし三個貼付した壺などがあります。日本の弥生時代の土器に似たデザインのものも見られます。さらに幾何学文様を刻んだものや凸線を胴部に貼り付けたものなどは、中米の土器にも通じます。これらは先史時代の先住民族が作ったと表示されていますが、その洗練された形や手法は、彼らが造り出したとは思えない作品ばかりです。

このフロアには観客がほとんどいませんでした。ガードマンが退屈そうに我々を眺めていました。

❖ユーチェンコ博物館 Yuchengco Museum

マカティ市のアヤラ通りとヒル・プヤット通りの交差点にツインタワーのビルがあります。ユーチェンコ親子が築き上げたユーチェンコ・グループ（ＹＧＣ）の建物です。このユーチェンコ第二タワービルに博物館があります。

博物館の前には、ブロンズで造られたフィリピン革命の彫刻像があります。

アルフォンソ・T・ユーチェンコは中国系フィリピン人で、駐日大使を務めたことのある人物です。実業家、外交官、コレクター、アートの後援者、教育の支援者、そして愛国者というように多くの面でよく知られた人物です。

自らが収集してきたコレクションを展示公開するために二〇〇五年九月に博物館を設立しました。博物館の建物は前面がガラス張りの近代的なもので、四階までのフロアすべてを展示スペースとして使用しています。

入口を入ってすぐのロビー正面カウンターで手続きをします。ここはミュージアム・ショップも兼ねており、多数の本が販売されています。またその背後にはフィリピンの男女が大勢民族衣装で踊っているフレスコ画が掲げられています。展示室入口には英雄ホセ・リサールの小さな彫像と肖像画が掲げられており、そのサインも大きく表示されています。

四階から順に下りてみましょう。四階にはユーチェンコの肖像写真や肖像画が掲げられ、その業績の紹介が行われています。彼に与えられた多くの表彰状、感謝状をはじめ勲章、記念品、メダルが展示されています。さらにユーチェンコ夫人との写真や家族との姿を絵画や写真パネルで掲示しています。このほかケース内にはいくつもの本やノートなどが展示されています。ずれもユーチェンコ一族の使用していたものなのでしょう。

ユーチェンコ博物館

古めかしい中に豪華さを秘めた応接セットが置かれています。添えられている写真からユーチェンコ家で使われていたものだということがわかります。家族の写真を入れた額も飾られています。次のガラスケースにはリサールの肖像画のある二ペソ紙幣や儀仗用の剣、記念切手などが展示されています。

次のコーナーではユーチェンコのアートへの支援の一端を見ることができます。現代アートの作家の展覧会がここで行われています。展示品は家具、とりわけ椅子、テーブルからなる応接セットです。奇抜な形の敷物や小物入れ、あるいは照明器具など、さらにデザインが強調されたイスを各フロアで見ることができます。製作年代は二〇〇九年、二〇一〇年等で新しいものです。いずれもカラフルで、奇抜な形のものが多く、果たしてこれらがすぐに家庭やオフィスなどで実際にどこまで用いられるのかはわかりませんが、作品の発表の素晴らしい場所と機会が与えられるというのは良いことでしょう。

一階はナショナル・アーテイストをはじめとする現代フィリピン芸術界で活躍している芸術家の描いた作品が集められています。多くの絵画が展示されていますが、最も古いものは一八九三年のファン・ルーナの油彩で、溶鉱炉で働く人々を描いた幅一五二センチ、縦五二センチの力強い作品です。また、このフロアにはひときわ大きな絵画が掲げられています。それは幅二・四メートル、縦五・八メートルのエンリコ・ユーチェンコ夫妻を描いた大作です。夫妻はユーチェンコの両親を描いた作品で、カルロス・フランシスコが一九五三年に製作したものです。カルロス・フランシスコは、一九七三年にナショナル・アーテイストの称号を授与されますが、一九六九年に世を去っていました。

ナショナル・アーテイスト制度ができたのは一九七二年のことでした。「ビーチの景色」、ヴィクトリオ・エダデイス作、一九七七年、キャンバスに油彩、アンキューロックやベンカブの作品など、ナショナル・アーテイストの作品が多く集められています。このほか、コンテンポラリー絵画や彫刻作品なども展示されており、一階フロアの展示のみでも十分に満足させてくれます。

フィリピン革命の
彫刻像

ユーチェンコを顕彰する
展示

展示室

カルロス・フランシスコ作
『ユーチェンコ夫妻』

❖ＧＳＩＳ美術館　GSIS Museum

パサイ市のマニラ湾に面して新たに埋め立てられた広大な土地にさまざまな建物が建設されています。ここにフィリピンの公務員の保険制度を運営するＧＳＩＳ本部とＧＳＩＳ美術館があります。美術館にはフィリピンの若手芸術家からナショナル・アーテイストとして公認された芸術家までの膨大な作品がコレクションされています。

入口を入ると廊下を利用したギャラリーがあります。ここはムゼオ・シングと名付けられた絵画展示場です。二〇一四年九月一八日から開始された個々の展示にはまだ無名の若手画家の描いた作品が並べられています。ただしこれらの作品はエントリーして選ばれたもので、だれでも自由に応募できるとのことでした。

この奥には「MUSEO NG SINGING MUSEUM OF ART」とドアの上部に看板が掲げられています。先の廊下のギャラリーとは全く異なる本格的な美術展示場です。

ここにはＧＳＩＳが依頼した一八名の審査員の肖像画が掲げられ、彼らによって選ばれた作品が誇らしげに壁を飾っています。その順位を示すメダルがそれぞれの作品の横に貼ってあり、先ほど見た、廊下のギャラリーの新進作家の作品と比較するとさすがに訴える力が強いと感じられます。続いてフィリピンを代表する芸術家たちの作品が展示されています。ナショナル・アーティストに選定されているヴィンセント・マナンサラの一九七三年の水辺の建物を描いた水彩画作品があります。

GSIS美術館正面

ナポレオン・アヴィダの作品

ティーチャーズ・コーナー

この階の突き当りには三点のコンテンポラリー作品が掲げられ、前方に簡単なパーテーションロープが張られています。この三作品のうち、右側の二作品は、ナショナル・アーテイストトのＨ・Ｒ・オカンポの「サマー・シンフォニー」と「母と子」と題された作品です。前者は一九七〇年、後者は一九五四年の油彩作品です。同じくナショナル・アーテイストのナポレオン・アヴィダの「ABSTRACTION 1」2005は板に彫刻された作品です。オカンポ作品の左手に掲げられています。

階下の展示室ではティーチャーズ・コーナーという展示コーナーが設けられて、訪問時には「マイティーチャー、マイヒーロー」という展示が行われていました。学校の先生が応募した優秀な作品に賞を付与して展示顕彰するものです。彫刻作品が多く、作品の横に先生の顔写真などが掲げられています。

ところで、この美術館の経営母体であるＧＳＩＳはフィリピンの保険制度を運営する機関でもあるのです。フィリピンには、強制加入の保険制度がありますが、その一つは公務員すべてが加入するＧＳＩＳです。そのほか公務員以外の職種に就いている労働者が加入する保険制度があります。

ナショナル・アーテイスト制度

この制度は一九七二年から始められた制度で、フィリピン芸術界で際立った貢献をした芸術家に国家から与えられる最高の栄誉です。ＣＣＰとＮＣＣＡによって推挙された芸術家個人が審査されたのち決定されます。ナショナル・アーテストは、絵画、彫刻というビジュアル部門と文学、パフォーミング・アートなどさまざまなカテゴリーに区分されており、二〇〇六年までにヴィジュアル・アート部門でナショナル・アーティストの称号を与えられたのは一四名です。

一九七二年、フェルナンド・アモソロ（絵画）。一九七三年、ギレルモ・トレンテイーノ（絵画）、カルロス・フランシスコ（絵画）。一九七六年、ナポレオン・アヴィダ（彫刻）、ヴィクトリオ・エダデイス（絵画）。一九八一年、ヴィンセント・マナンサラ（絵画）。一九九〇年、シーザー・レガスピ（絵画）。一九九一年、Ｈ・Ｒ・オカンポ（絵画）。一九九六年、アストロ・ルッツ（絵画）。一九九九年、ジェリー・エリザルデ・ナヴァロ（絵画）。二〇〇一年アン・キューコック（絵画）。二〇〇三年、ホセ・ホヤ（絵画）。二〇〇六年、アヴドウル・アシア・イマオ（彫刻）、ベンカブ（絵画）です。

❖ロペス記念館　Lopez Memorial Museum

ビジネスセンターとして急発展しているパッシグ市の高層ビルが立ち並ぶオルティガス地区にあります。

フィリピンの財閥の一つであるロペス財閥によって一九六〇年に設立された博物館です。博物館は近代的なベンプレス・ビルの中にあります。一階フロアが展示及び事務室などに使用されています。

この博物館は本来フィリピンの古書籍や写本、古地図などを多数所有するロペス財閥の貴重なコレクションを公開展示する施設として設立されたものです。しかし、その後はフィリピンの芸術家たちの展示施設として広く活用されています。入口を入るとまっすぐな廊下が奥に通じていて右手に展示室があり、コンテンポラリー・アートが展示されています。まず、ホースで顔を洗い続けるアメリカ国旗を付けた男性群像があります。案内してくれた館員によるとこれはさるアメリカ人を象徴した作品だということで、いくら洗い落としても本質は変わらないということだと説明してくれました。また、自由の女神の像が逆さまに置かれ、下方の先端に町が造られているという作品があります。これも何かを暗示したものなのでしょう。このほかにも、かつてのフィリピンとアメリカとの関係を示した作品もあります。この博物館のコンテンポラリー作品は、比喩がわかりやすいものが多いようでしたが、案内者の解説によってコンテンポラリー・アートの見方が少し変わったのではないかと感じました。また、ここのコレクションの愁眉ともいえる古地図の展示もありました。

廊下の突き当たりのドアの前に、フィリピンで発見された陶磁器を展示したガラスケースがありました。ここで少しほっとした気分になりました。ドアの向こうには図書室があり、参考書類などが多く置かれています。

ロペス記念館入口

❖ヒラヤ・ギャラリー Hiraya Gallery

イントラムロスの南端に濠が途切れた部分があります。ここに東西道路があり、この道路に沿って南側にあるギャラリーです。入口にはカラフルなトーテムポールが両側に建てられていました。創業以来三五年の歴史を持つマニラでは古い画廊の一つだそうです。壁に絵画が掛けられており、二階にも展示があります。ただ二階フ

逆さまの自由の女神像の下に町が

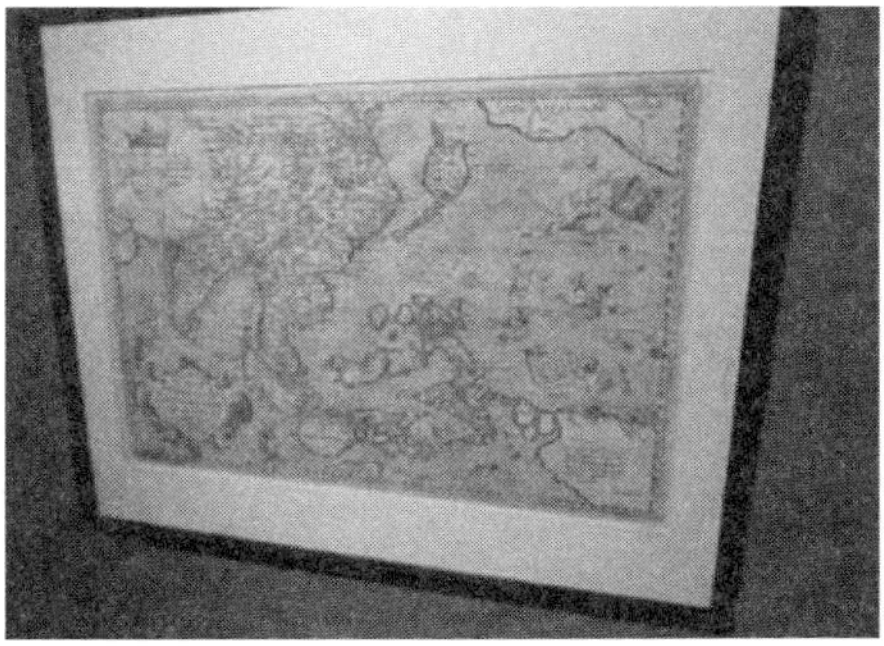
古地図の展示

図書室

ヒラヤ・ギャラリー

ロアは雑然としており、収蔵品が多数山積みになった状態でした。

❖リオンゴレン・ギャラリー　Liongoren Gallery

ケソン市にあるギャラリーで、一九八一年に画家の妻がフィリピンのモダン・アートやコンテンポラリー・アートを広めるために開いたギャラリーです。

❖ボストン・ギャラリー　The Boston Gallery

住宅街の中にあります。一九九三年にフィリピンの若い芸術家たちを支援するために個人の住宅を開放して作ったギャラリーです。

ボストン・ギャラリー

産業に関する博物館

マリキナ靴博物館
中央銀行貨幣博物館
マニラホテル歴史展示室

フィリピンは基本的には農業国ですが、特に輸出に多くの生産物を回すほど余裕があるわけではありません。マリキナ市は人口の半分以上が何らかの形で靴製造に関与しており、市内には靴博物館があります。中央銀行博物館はフィリピンの貨幣の発行を行っている中央銀行が開設した博物館です。またマニラホテル歴史展示室は、フィリピンで最も伝統と格式のあるマニラホテルの現在までの歩みを記録した展示室です。

❖マリキナ靴博物館　Marikina Shoe Museum

ケソン市から少し行くとマリキナ市に入ります。マリキナ市は靴製造業で知られていて、ほぼ半数の市民が何らかの形で靴製造にかかわっています。靴博物館はサンタエレナ地区に二〇〇一年に開館しました。二階建ての建物で、玄関前には大きな樹木があり、その前に博物館の看板が建てられています。また博物館の周囲の道路には、靴の形と氏名が刻まれています。いずれもフィリピンの有名人のようですが、私には誰なのかはわかりませんでした。

中に入ると靴、靴、靴のオンパレードです。それもケース内に整然と並べられています。

博物館前の道路には
有名人の靴型が

一階フロアには靴を製作する職人の作業風景のジオラマがあります。一人の女性がミシン掛けを行いもう一人の女性が靴を手に取って作業をしています。エプロンをした男性が作業台の上で靴を片手に何かを塗っています。背後の壁には靴製作の行程を撮影した白黒の写真パネルが貼られています。写真は十数年を経過しているためかセピア色に変色しています。靴の製作工程を美しい色づかいで描いた絵画を切り貼りした衝立状の装飾も展示されています。このフロアには靴の内型を円柱の周りに張り付けた装飾があります。まるで靴で作られた柱のようです。この柱は一階から二階の天井まで伸びており、「靴の

マリキナ靴博物館

靴製作工程のジオラマ

イメルダ夫人の靴

靴、靴、靴…
の展示室

街」を実感させてくれるオブジェです。

このフロアの右手奥には、有名人の愛用した靴が写真とともに展示されています。ミリアム・サンチャゴ女史、アロヨ副大統領、フィデル・ラモス大統領をはじめ、元マリキナ市長のバレンチーノ氏などの名前がありました。フィリピンの著名人なのでしょうが、どのような人物なのか知らない人がほとんどでした。ほとんどが革製の単靴でしたが、軍靴や運動靴もありました。また下駄や草履などの日本の履物や韓国の靴、あるいはトルコ、東南アジア諸国の履物も展示されていました。また電話の形をした靴やとてつもなく大きな靴も片足でしたが置かれていました

二階フロアには、入口側の壁面に白い華やかなドレスを着たイメルダ夫人の等身大の肖像画が掲げられています。その右側の壁には、六段の棚にぎっしりとハイヒールなどの靴が並べられています。イメルダ夫人が愛用したとされるものです。靴の色はブラック、ブラウン、グレー、ホワイト、シルバーなど多彩ですし、エナメルで光沢のある靴もあります。着るドレスに合わせて選んでいたようですが、ざっと見渡しても一〇〇足以上はあるでしょう。いずれも手入れが行き届いており、光沢を放っています。イメルダ夫人の靴は、誰と会った時にはいていたのか明示されていて、興味深く見ることができました。イメルダ夫人の靴のサイズは八・五インチ（ほぼ二六センチ）だったそうです。女性としては大きいようです。

この博物館を見学すると、地場産業としての製靴業にイメルダ夫人の影響が少なからずあることがわかります。マラカニアン宮殿が開放された時に、そこにイメルダ夫人の靴が三〇〇〇足もあったことは世界中を驚かせました。ここの展示ではその実像の一端を明らかにしているといえるでしょう。

❖中央銀行貨幣博物館　Central Bank Money Museum

この博物館はマニラ湾に沿ったロハス通りからわずかに入ったところ、メトロポリタン美術館の近くにあります。一九九九年一月四日、中央銀行内に開館しました。

この施設はフィリピンの中央銀行が運営をしています。中央銀行は貨幣の発行、金融の管理など国の経済機構の重要な部分を担っています。その本店内に博物館があるのです。入口でのチェックは厳しいものになります。警備のガードマンは入行する車の車体の下にもミラーをかざして検査をしているほどです。

まず車から降りて博物館の見学を希望している旨告げます。すると門横の事務所に行くように言われます。ここでパスポートチェックを受け、個人情報を記入しなければならないのですが、ガイド氏が博物館見学だけで、ほかには立ち寄らないと告げると記入は不要だとのこと。

無事通過して進むと博物館の建物が見えます。わずかな距離なのですが、構内はさすがに警備が厳しく、不審者と思われないかヒヤヒヤしながら博物館の入口にたどり着きました。受付で来館者名簿に記入し展示室に入ります。館内は冷房が効いており、肌寒いほどでした。

まず「お金の話」というコーナーから展示が始まります。中国の貨幣の話が中心で、スペイン人が入ってくる以前のフィリピンの貨幣事情については簡単に触れられています。それによると、一〇世紀から一二世紀頃のフィリピンはもともと裕福な国であり、古代では金を用いてインドネシアやタイと交易を行っていたということです。ケース内には金の小粒や金の腕輪、リングが置かれています。

中央銀行貨幣博物館入口

紙幣の展示

中国の穴あき銅銭

その後、中国の穴あき銅銭などが導入されていたようです。ここでは鋳造されたままで切り離されていない穴あきの銅銭が展示されています。やがて一六世紀に入ってスペイン統治時代になると、ヨーロッパのコインが流通しました。

スペインの植民地時代を経て、アメリカによる支配が始まります。ここでは一九〇七年から一九一三年にかけて鋳造されたコインが展示されています。コインとともに紙幣の発行も行われました。一九〇八年にはフィリピン銀行の五、一〇、五〇、一〇〇ペソ紙幣が印刷され、一九一二年には、五、一〇、五〇、一〇〇、二〇〇ペソ紙幣が、さらに一九一六年には五ペソ、一九二〇年には二種類の一〇ペソ、一九二一年には二〇ペソ、一九二四年には一ペソの紙幣がそれぞれ新しいデザインで発行されています。またその後も数年間にいくつも紙幣のデザインが変更されています。また五〇〇ペソ紙幣も一九二九年に発行されています。同時にコインもいくつかのものが鋳造されています。

当時の銀行は記念メダルの鋳造も手掛けていたようで、一九二六年、一九三六年の刻印のある記念メダルの展示も見られます。日本の占領時代の一九四三年には一〇〇ペソの紙幣が発行されています。しかしその紙幣にはフィリピンの中央銀行の名前ではなく、日本政府の名が印刷されています。日本の統治下のフィリピンでは紙幣が日本政府によって発行されたことがわかります。ただし紙幣に印刷されたのはフィリピンの英雄リサールの像でした。この紙幣が出されたのは一九四五年で、広く流通したかどうかは明らかではありません。

現在のフィリピン中央銀行が発行している紙幣の展示も行われています。銀行の歴代の責任者のブロンズ像も廊下に並べられ、在任中に出された紙幣なども展示されています。また紙幣の切り取り前の印刷見本も展示されています。

このほか、中央銀行が製作鋳造を担当したメダルや徽章など装飾品類も展示してあり、銀行の業務が多岐にわたっていることを示しています。

❖マニラホテル歴史展示室（マニラホテル・アーカイブス）

Manila Hotele Archives

マニラホテルはフィリピンを代表するホテルです。マニラ湾に沿って走るロハス大通りがアメリカ大使館を過ぎて、オーシャン・パークへ通じる道へ曲がると右手に白い立派なホテルの建物が見えてきます。交差点の曲がり角の左手には子供博物館のムゼオ・パンパタがあります。ホテルの玄関のある建物は四階建てで、入口にはセキュリティチェックがあります。マニラのほとんどのホテルにこのようなチェックがあるので違和感もなくなりましたが、初めて訪れた時は屈強なガードマンが数人、それも腰には拳銃という完全武装ですのでやや恐怖を覚えました。安全な国からの訪問

マニラホテル

ホテルのガイド嬢が案内してくれる

者にとっては驚きの光景ですが、マニラでは、銀行は当然のことながら、レストラン、コンビニ、ブックショップなどほとんどすべてがこのような状態ですので、数時間も滞在すれば馴れてきます。

このマニラホテルは、一九三二年に建設されたもので、政府の要人や外国からの賓客は、ほぼこのホテルに滞在しているようです。

入口を入ってすぐのグランドフロアは、高い天井とそこから吊り下げられているクリスタルの豪華なシャンデリアが目を惹きます。ロビーには、面談・談笑ためのソファが置かれ、ゆったりとしたスペースがあり、高級ホテルであることを実感させてくれます。

フロアには女性のホール・アテンダントが数人配置されています。彼女たちは宿泊客や利用客への対応が主たる仕事ですが、宿泊以外の訪問者にも笑顔で対応しています。アテンダントは制服として明るい色のドレスを着用し、チャーミングな若い女性ばかりのようです。またドレスは日替わりで着替えているとのことでした。

ホテルの展示室を見学したいと告げたのですが、事情があって公開できないので日を改めて欲しいといい言われました。その日は台風の翌日で、ホテルにも被害があったようで、その対応に人手を割いていたのでしょう。

翌々日に再度訪問すると、その日は見学ができるとのことでした。テイアラを付けたアテンダントの女性が案内してくれました。

　展示室はグランドフロアの右手奥にある窓のない部屋が使われていました。普通の客室より少し広いくらいです。展示は、これまでこのホテルに宿泊した内外の有名人の写真とサインが主たるもので、壁面が隠れるほど多くの写真が飾ってあります。写っている人物の顔はどこかで見かけたようでもあるのですが、名前まで思い出せませんでした。

　ホテル創業七五周年を記念して出された四種類の記念切手と、日付のスタンプを押した記念額が掲げられています。このホテルが東アジアで最高の栄誉を得た「アワード85」の賞状や、かつて権勢を誇ったマルコス大統領、イメルダ夫人、アキノ大統領などの写真も掲げられていいます。写真は白黒で、A四判サイズなので小さくわかりにくいのが欠点かもしれません。椅子と机、絵皿などの展示品も少しありました。

　アメリカ軍司令官のマッカーサーがフィリピン滞在の際に宿泊したのはこのマニラホテルでした。現在もマッカーサーが使用した部屋はそのまま残されているとのことでしたが、見学はできませんでした。

開業75周年記念切手

動物園・水族館・植物園・自然科学に関する博物館

国立フィリピン人博物館・自然史ギャラリー
マニラ・オーシャン・オーシャンパーク
《鳥の王国、オーシャン・アリウム（水族館）、
ジュエリー・ギャラリー（クラゲ展示館）》
マニラ動物園
アーク・アヴィロン動物園
ラス・ファロラス水族館
ニノイ・アキノ公園&野生動物救助センター
リサール公園《日本庭園、中国庭園、蘭園、プラネタリウム》・
フィリピン大学ロス・バニョス森林研究所自然史博物館
フィリピン大学ロス・バニョス森林研究所植物園

ここでは動物園・植物園及び自然科学に関する博物館を集めました。国立フィリピン人博物館・自然史ギャラリーは、フィリピンの自然史に関する基本的な資料を最も簡略にまとめ

られている施設でしょう。またフィリピン大学（ＵＰ）ロスバニョス森林研究所・自然史博物館では、本格的な資料が集められています。

オーシャン・パークは、それまで最大とされていたシンガポールのアンダーワールドを抜いて東南アジアで最大の水族館となっています。そこには水族館だけでなく鳥の生態が観察できる施設やクラゲに特化した展示室などがあります。またマニラ郊外に、淡水魚に特化したラス・ファロラス水族館が二〇一三年にオープンしています。

植物園ではフィリピン大学ロスバニョス森林研究所植物園、リサール公園内には日本庭園、中国庭園、蘭園などがあります。

動物園ではマニラの中心部にあるマニラ動物園のほか屋内動物園のアーク・アヴィロン動物園、ニノイ・アキノ野生動物救助センターなどがあります。

❖国立フィリピン人博物館・自然史ギャラリー

National Museum of the Filipino People

国立博物館の動物学、植物学など自然史学領域のコレクションは数多くありますが、その展示スペースは極めて限られたものになっています。

たとえば鳥類の展示では、鷹やペリカンなど比較的大きいもののほか小鳥類が多くコレクションされています。生息状況のジオラマもありますが、大半は剥製標本が置かれています。その標本も枝に止まっている状態（生態状態）ではなく、横たわったままの状態で置かれているものが多く見られます。このよう

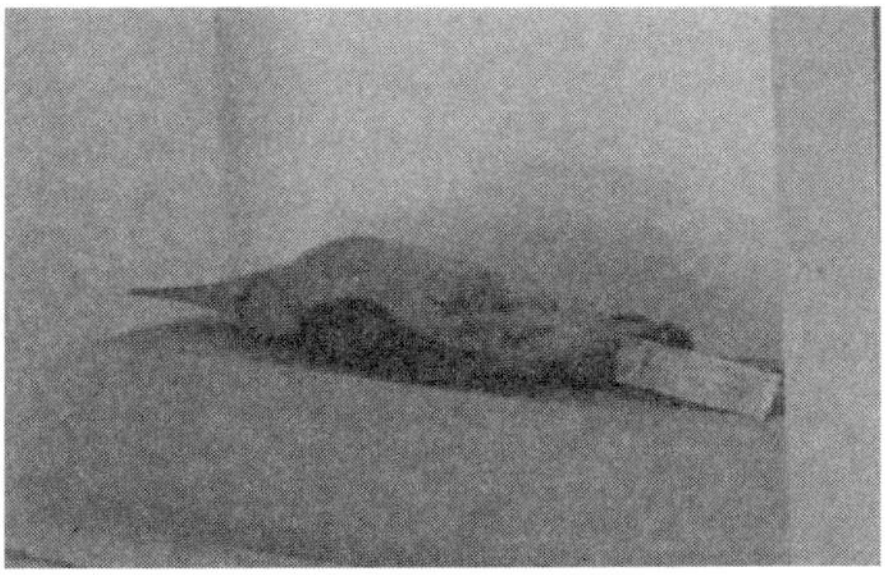

横たわった状態で置かれている剥製

アゲハ蝶の標本

な剥製標本はシンガポールなどでもよく見られるのですが、枝に止まった姿の剥製を見慣れた者には若干の違和感があります。

昆虫、蝶類の標本は、標本箱に収納されて展示されています。アゲハ蝶類の標本は極彩色の蝶が箱の中に整然と並んでおり、コレクターでなくとも感嘆の声を上げてしまうほど素晴らしいものです。台湾からフィリピンにかけての気候帯には多くの蝶が生息していて、コレクターにとっては垂涎の的のようです。

フィリピン近海に生息する海中生物については、貝やヒトデ、カニなどの甲殻類の実物標本がガラスケースに展示されています。

植物・鉱物のコレクションも膨大な量があるとのことですが、押し花状態の植物標本を額に入れたものや葉脈まで精密にスケッチされた植物デッサンまでさまざまな標本が展示されています。ただ、全体的にあっさりとした展示になっているようです。

❖マニラ・オーシャンパーク Mnila Ocean Park

マニラ湾に沿って作られた海洋テーマパークです。約八〇〇〇坪の広大な面積は東南アジア最大で、二〇〇八年二月にオープンしました。中には、水族館「オーシャン・アリウム」、鷹の放鳥園「鳥の王国」、

鳥の王国入口

オーシャンパーク正面入口

クラゲを集めた「ジュエリー・ギャラリー」、そしてイルカやアシカのショー劇場などがあります。このほかにはＨ２Ｏホテルという宿泊施設も併設されています。

■鳥の王国
Birds of Prey Kingdom

パークのチケット売場から入口ゲートをくぐるとメイン・ロビーが目に入ります。そのすぐ右手にあるのがこの施設です。マニラ湾に注ぐ水路の上を大きく金網で囲って鷹を放し飼いにしています。特別な仕掛けや装置は何もなく、鷹もゲージの中で自由に飛び回っています。ねぐらとなるような巣箱はなく、わずかに手すりの上部に止まり木があり、端に樹木が植えられているわずかな緑地があるだけです。人間が持つ餌の小魚を求めて舞い降りてきたり、放り投げた餌を上手に捕食したりしています。飼育員に餌を見せてもらうと、それは新鮮な小魚で、人間の食糧にはならないような細い魚です。飼育員は鷹匠のように分厚い手袋をして、鷹の爪で傷つけられないようにしています。中には、腕に止まって餌をねだる鷹もいるようです。

■オーシャン・アリウム（水族館）Oceamarium

メイン・ロビーの右手奥が入口になっています。内部は薄暗く、水槽

鯉の飼育水槽

水中トンネル

内の魚が良く見えるように配慮されています。入口近くの大きな水槽には大きな魚やエイが飼育されています。この水槽を過ぎると広場に出ます。ここにも大きな水槽がありますが中の魚は小型のものが多いようです。

次に、総延長二〇メートル余りの水中トンネルがあります。人間がトンネル内を移動し、魚はトンネルの上下左右を泳いでいます。近年の水族館にはたいてい設備されているので、特に珍しいわけではありませんが、目の前を悠然と泳ぐ大きな魚や群れをなす小魚には圧倒されます。ここでは飼育されている魚の写真と解説が掲示されています。

淡水魚の鯉を飼育する水槽が設置されています。この飼育水槽はオープンスペースで作られており、内部には緋鯉や白い鯉という日本でも見慣れた魚が泳いでいます。そのジオラマの舞台は里の池のようです。

熱帯の淡水魚の飼育水槽には、アマゾンに生息するナマズなどが泳いでいます。またワニの飼育コーナーがありますが、ここにはほとんど人はいませんでした。

■ジュエリー・ギャラリー（クラゲ展示館）

海に浮遊するクラゲは、八月下旬以降の日本の海水浴場では人に危害を与える厄介者とされています。日本海側では越前クラゲと呼ばれる巨大なクラゲが漁網にかかり、漁業に大きな被害が出ています。この厄介者のクラゲを集めているのがこのギャラリーです。さまざまな色の光線を当てて展示しています。

「北の海の生き物」と表示された水槽は隅が丸い長方形で、中に五、六尾の長く白い糸を引くクラゲがいます。水槽のバックは黒色、周囲はブルーで、上部から白い光線を当てているのでクラゲはより白く浮かびあがっています。

同じように隅が丸い長方形の水槽には無数の飯蛸のようなクラゲが放たれ、赤い光線が当てられています。周囲が紫色なので、クラゲの赤い色がより鮮明に見えます。また、やや大きめの水槽にはブルーの光線が当てられ、上下左右に浮遊しているクラゲは、まるで宝石のようです。「ジュエリー・ギャラリー」という名称はここから付けられたのかもしれません。

奥に行くと水槽の形が変わります。円柱形のガラスの水槽にはワインレッド、ブルー、グリーンの光線が当てられています。周囲には鏡が貼られているので、見学者は鏡の部屋の中にいる状態になります。

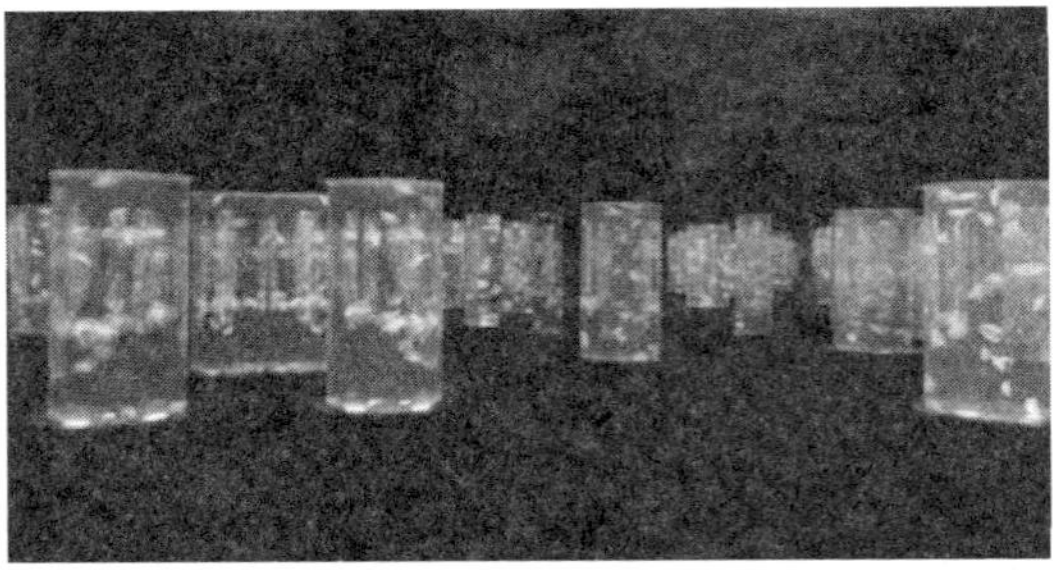

クラゲ展示館の円形水槽

原色に近い色の光線が照射されていると、まるでそんな色合いのクラゲがいるように見えてきます。訪問、見学者は少なく、ゆったりと見学できましたが、混雑していると鏡の効果で部屋ではお互いぶつかってパニックになってしまうのではないかと気になりました。

■そのほかの施設

水族館としての設備はよく整っている施設ですが、このほかにも魚に関する施設がいくつかあります。

ドクター・フィッシュ・コーナーは、人間の皮膚の角質を餌としてついばむ魚のいる水槽です。この水槽に足を入れると、小魚が足先に群れるように集まってきて、皮膚の角質を除去してくれます。その結果、すべすべした美しい肌になるというもので、魚まかせの美容術といったところでしょう。ただ魚たちには休憩時間があります。休憩時間をとらずに働かせるとストレスで弱ってしまうため、客が多くいても休憩させるということでした。ドクター・フィッシュの水槽は、一・二階フロアにありましたが、それほど人気があるようには見えませんでした。

このほかイルカのショーを見せるショー用のプールがあります。

船に乗って水中観察ができるグラスボートも用意されています。受付を入ってメインホールの前、通路の左手にあります。

これは船の底に貼ったガラス板を通して水中の魚や海草などを観察するというものです。沖縄の川平湾などでは海中散歩として行われています。

オーシャン・パークはマニラ湾に突きだすように建設されているので、マニラ湾の景色が見える場所があります。ただし、風の強い日などは波しぶきをかぶることがあるようです。

イルカのショー用のプール

❖マニラ動物園 Manila Zoo

マニラ市街のほぼ中心部に位置し、マニラ湾岸の大通り、ロハス通りに面しています。入口ではニシキ

マニラ動物園入口

アーク・アヴィロン動物園

ヘビを首に巻き付けた飼育員の男性が観客にそれを触らせています。

中央には大きな池があり、その周りに動物の飼育檻があります。虎はコンクリートの橋の下で涼み、バテ気味のライオンは地面に横たわっています。暑さのせいか飼育されている動物には元気がありませんでした。

❖アーク・アヴィロン動物園　Ark Avilon Zoo

マニラ郊外のパッシグ市にあるフィリピン唯一の室内型動物園です。建物はさほど大きくはなく、隣接するラス・ファロラス水族館の方が大きいようです。鳥類をはじめライオン、ヒヒ、オランウータンなどが飼育されています。

❖ラス・ファロラス水族館　Las Farolas the Fish World

パッシグ市に二〇一三年四月二五日にオープンした淡水魚の水族館です。正面には円形の水槽があり、金魚、緋鯉などが飼育されています。アーク・アヴィロン動物園とほぼ同じ場所にあります。

淡水魚の水槽には常にフレッシュな水が供給されているとのことでした。近くに河川があるようには見えないので、この館内の一角で井戸から取水し、処理しているのでしょう。中央部と周囲に水槽が置かれ、比較的大型の淡水魚の水槽、大小の珍しい淡水魚の水槽などがありますが、共食いしたり攻撃したりしないような組み合わせにしているようです。

南米アマゾン川に生息するピラニアの水槽にはピラニアだけが入っており、砂底にはなぜか人骨のレプリカが置かれています。また、白いナマズは水槽内を一匹で悠然と泳いでいます。さらに異なる種類のナマズの水槽が続きます。熱帯地域は淡水魚が豊富で、とりわけナマズの種類が多いことがわかります。中部タイに生息するナマズは長い髭と一部が黄色に見える白い魚体が特徴のようです。

ラス・ファロラス水族館

ピラニアの水槽

2階展示室

ナマズのほかには北タイに生息するタイガーフィシュ（体に虎のような縦縞の文様がある）もいました。南アメリカに生息する「Short Bodied Red Tailed Catfish」は、その名の通り短い体と赤い尾びれが特徴です。また熱帯の淡水魚では一般家庭でもよく飼われているアロワナが白い魚体を見せています。二階中央にも大きな水槽がありいくつかに区切られて別の種類の魚が飼育されています。

最後の水槽は日本でもおなじみの鯉ですが、我々が日本で見かける鯉とは少しイメージが異なっています。案内人は日本のものと同じだといっていましたが……。

展示水槽をひと通り見終えて階下に降りると、ミュージアム・ショップへ案内されます。ここでは、金魚や魚の餌やは飼育用の道具が販売されています。隣には飲料水や菓子を販売しているコーナーも用意されていました。レストルーム（トイレ）の標示が魚の標本レプリカなのは面白い試みだと思いました。

❖ニノイ・アキノ公園&野生動物救助センター
Ninoy Aquino Parks & Wildlife Center

ニノイ・アキノ公園は、かつての首都ケソン市ににありあります。ここに、フィリピンに生息する野生動物の保護と負傷した動物の救出、手当を行う施設があります。名前を冠しているニノイ・アキノのメモリアル像は入口から少し入った園路沿いに建てられています。

入口を入ると学校の校舎のような二階建ての建物がいくつかありますが、これらは事務所として使われており、見学施設ではありま

ニノイ・アキノの銅像

保護されているタカ

せん。わずかに、自生動物の展示コーナーがありますが、これも狭い施設でした。フィリピン各地で保護され、この施設で飼育されている動物たちのゲージを見ていると、動物園のものとあまり変わらないような気がします。例えば「フィリピンの鷹」と表示されたゲージには、繁茂した樹木があり、高い木の頂上部分に営巣スペースが造られています。鷹たちは中間にある止まり木で羽を休めていました。地上に降りている鷹もいました。ここは鳥以外の動物はほとんどいませんので、動物園見学のつもりで行くと期待外れかもしれません。

この施設は入場料入場料金と寄付金などで、運営されているとのことです。施設内ではキャンプ体験や自然観察会、ボーイスカウトなどの活動なども行われているようでした。

ニノイ・アキノ

一九三二年フィリピン、タルラック州コンセプション市の生まれ、正式にはベニグド・シメオン・アキノ・ジュニアですが、ニノイ・アキノという呼び名で呼ばれています。一九五五年コンセプション市長、一九五九年タルラック州副知事、一九六七年同州知事を経て、一九六七年三七歳の時、フィリピン史上最年少で上院議員に当選しました。しかし、一九七二年マルコス大統領により戒厳令下で逮捕され、一九七七年死刑の宣告を受けますが国民の人気があったこともあり、アメリカへ妻とともに追放されます。外国生活中もニノイは反マルコスの先頭に立ち、やがてマルコス政権下のフィリピンに帰国します。中華航空に搭乗し、経由地の台北ではＴＢＳの記者のインタビューに「明日は殺されるかもしれない。事件は空港で一瞬のうちに終わる」と語りました。

一九八三年八月二一日、ニノイが乗った飛行機はフィリピン国軍による厳重警戒下のマニラ国際空港に到着しました。すると機内に兵士が乗り込み彼を連行します。そしてタラップを降りたとたん、ニノイは頭部を撃たれてしまいます。その一部始終をテレビカメラがとらえていました。一週間後の八月二八日、ＴＢＳは報道特集「アキノ白昼の暗殺」と題した番組を放送。

この事件の後、マルコス政権は崩壊に向かって加速していきます。おりしも行われた大統領選挙に、ニノイの妻コラソン・アキノが出馬し、国民の支持を求めました。選挙はマルコスの勝利とされましたが、国民はそれを信用せず、また軍高官も彼を見限り、国防省に籠城しました。まもなくマルコスはハワイに亡命し、コラソン・アキノが大統領に就任します。ニノイ・アキノが暗殺されたマニラ国際空港は、彼の名前を冠してニノイ・アキノ国際空港となり、五〇〇ペソ紙幣には彼の肖像が印刷されています。ニノイの息子のベニグド・アキノは上院議員を経て二〇一〇年大統領選挙で当選を果たしています。

❖リサール公園　Rizal Park

マニラ市のほぼ中心部に位置する五八ヘクタール程の公園です。一八〇〇年代の初頭のスペイン統治時代、この周辺はパグムバヤン（新しい町）と呼ばれ、後にはその町の形状からルネタという名称がつけら

リサール公園

れました。一八九六年一二月三〇日、この場所でフィリピンの英雄ホセ・リサールが処刑されました。現在その場所にはリサール記念塔の石碑が建てられ、公園の名前も彼に敬意を表してリサール公園と変更されました。

公園内には日本庭園、中国庭園、蘭園、プラネタリウムなどの施設があり、マニラ市民の憩いの場として広く利用されています。

この公園は、アメリカからの独立を果たした一九四六年六月四日に独立宣言が行われたことでも知られています。また、マニラからフィリピンの各都市への距離の起点となるゼロ地点の標識も置かれています。

■日本庭園　Japanese Garden

公園の東北部にある庭園です。入口を入ると左側には切り石の石垣が続きます。日本の城をイメージしたものかもしれません。右手には笹竹の群生が続きます。突き当りに大きな銅鑼が掛けられているのですが、これが何を意味するのかは理解できません。庭園の中央には大きな池がありますが、池の水はどんよりと濁っており、睡蓮や蓮などの水草もありません。日本庭園というものの、日本様式の建物は見られず、わずかに入口にある鳥居や中の橋などが日本風といえばそうかなと思わせる程

日本庭園入口の鳥居（？）

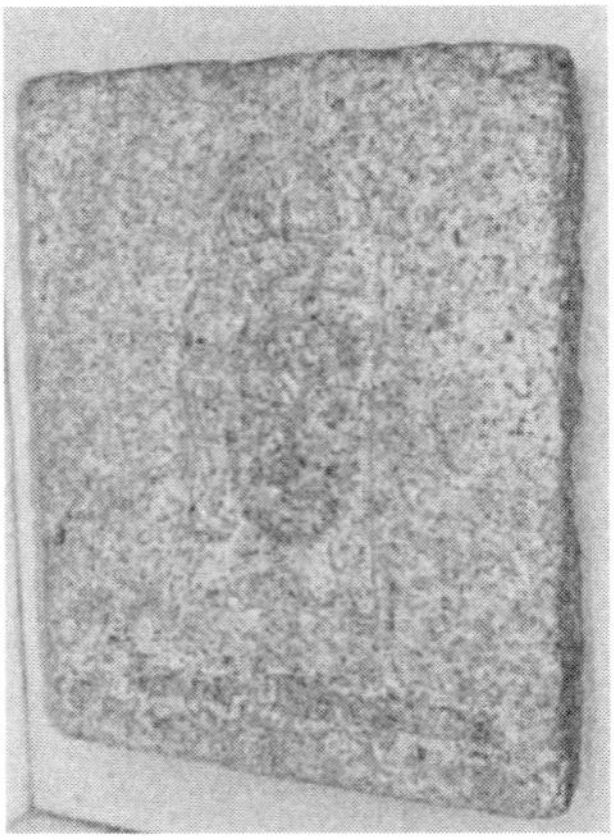

仏像を刻んだ花崗岩

度です。

鳥居は、柱と笠木との組み合わせが違っていて、日本人には違和感があります。また池の奥部分に小さな小屋風の建物があり、その中に花崗岩に仏像を刻んだものがはめ込まれています。石碑の表面の凹凸が少なく、仏像の表情などはわかりませんでした。わずかに見える凹凸から如来像のように見えます。この石碑は、「フロム広島」と下段にローマ字で刻まれているので、広島から寄贈されたのでしょう。入口の事務所の建物は遠目には日本風の瓦を葺いた切り妻屋根の建物なのですが、近づいてみるとやはりどことなく違うようです。

■中国庭園　Chaines Gerden

日本庭園の西側に隣り合わせに中国庭園があります。入口には石造の立派な入口が三個ある門が建てられています。中に入ると、横に長く龍がうねった池があります。さらに大きな孔子像と、それを取り囲むように池があります。池には橋が架けられています。「智慧の旅」と看板が掲げられた青い瓦屋根の細長い建物や休憩場所として使用されている六角形の建物があります。

「智慧の旅」

中国庭園の門

中国から寄贈された庭園であるとのことですが、その表示は見つけることができませんでした。とくに中国風の様式や装飾があるわけでもなく、また、中国独特な植物や樹木もないので、物足りない印象を受けます。

■蘭園　Orchirdarium

リサール公園の東側地域にあり、一九八六年にオープンしました。ラブラブの銅像が建てられています。

フィリピンは気候風土が蘭の育成に適していることもあって多くの場所で蘭の栽培が行われています。園には人工池が造られ橋が架けられています。石組の岩場には滝が造られ、勢いよく水が流れ出しています。植栽は良く手入れされており、日本庭園や中国庭園に比べると整備されています。園内には子ども用の研修施設があります。

訪問時は開花時期を外れていたようで、開花した蘭はわずかでした。それも植栽されているものではなく、鉢植えのものばかりでした。育成温室では多くの苗が育っていました。

■プラネタリウム

日本庭園と中国庭園の中間に国立プラネタリウムがあります。案内の標識もありませんでした。訪れるのがほとんど団体の学生だからか

蘭　園

孔子像

もしれません。訪問時は内部の改装中ということで見学はできませんでした。

❖フィリピン大学ロス・バニョス森林研究所自然史博物館

Museum of Natural History, University of Philipines Los Banos

マニラ首都圏に隣接して南西部にラグーナ州があります。このラグーナ州にはフィリピン最大の湖ラグーナ湖があります。この湖に沿って四〇キロほど南西に行ったマキリン山北麓にロス・バニョスの町があります。ここに、フィリピン大学ロス・バニョス校森林研究所の付属機関として自然史博物館が設立されました。

ロス・バニョスは高原地帯にあります。長い坂道を上り詰めると突然ファスト・フード店などの看板が見え始めます。学生が集まっており、大学の街であることを実感させてくれます。

森林内に設立されただけあって大学構内は広大なもので、建物の間隔は、通常の大学では考えられないほど離れています。少し行くと学生の影がほとんど見えなくなり、静かな森林のなかとなります。

この森林のかなり奥まったところに自然史博物館はあります。途中何度か道を尋ねてようやくたどり着きました。

二階建てのごく普通の校舎が博物館で、一・二階フロアで展示を行っています。玄関を入ったところには歴代の責任者一〇名の顔写

自然史博物館

真が壁に掲げられています。また反対側の壁面では一五〇年の自然観察の歴史についてのパネル展示が見られます。パネル展示の奥にはフィリピンの昆虫の展示があります。枝状に擬態するものや葉に擬態するものなど、四個のケースに生態展示があります。

右手奥には鍾乳洞のある洞窟のジオラマがあり、そこに生息するコウモリや蛇、蜘蛛、イモリやトカゲなどの生息状態が展示されています。ここから少し暗くなり足元に気を付けねばなりません。洞窟のジオラマを超えると色あざやかな珊瑚や、なまこ、うになどの生息状態を復元した海底のジオラマになります。ここには熱帯の小魚も復元されています。階段を下りると、クジラの上あごの骨、イルカの模型や骨格標本などの展示があります。

メインロビーの展示

世界の蛙のジオラマ

一階フロアの展示は、動物学資料が中心です。例えば世界の蛙の展示では、森林地帯に生息する蛙の状態をジオラマで示しています。ミンダナオをはじめフィリピン各地で捕獲された蛙の液浸標本などが多数展示されています。これらの標本は、薄気味悪くも感じますが、研究所としては成果物の一つなのです。このほか蛇の液浸標本があります。蛇の多くは毒をもつものです。またトカゲの剥製標本も展示されています。鳥類についても、生態をジオラマで示している鷲や鷹のほか剥製で示されているものも多く見られます。この場合の剥製も生態状態のものとそうでない剥製とがあります。液浸状態の標本瓶の連続で少々疲れてきましたので二階展示室に向かいます。

階段を登ると左右に四室ずつ展示室があります。中央の広い展示室では岩石学に関する展示と昆虫の展示があります。岩石のみならず化石も集められ、地層と岩石の関係などについても詳しく解説されています。

昆虫に関するコーナーでは、色鮮やかな蝶の標本が目立っています。とくに蛾「Moths」と蝶「Butterflies」は両者の区別が明瞭にわかります。「リーフ・インセクト」は、フィリピンに生息する昆虫で、枯れた木の葉と全く同じ色で形もきわめてよく似ています。クワガタやトンボなどの標本も見ることができます。いずれの標本にも、その特徴や生息地域などの解説が詳しく付けられています。

階段に向かって右手は、細菌学のコーナーです。肉眼での観察では限界があるので、菌をガラスに挟み込んだプレパラートとともに顕微鏡写真が添えられています。さらに左手には細菌学者を紹介するコーナーがあります。また、顕微鏡の各部分の名称や使用方法についての説明もあります。細菌だけでなくキノコに見られる菌の紹介も行われています。ここでは珍しいキノコを液浸標本で集めています。自生しているキノコのジオラマによる展示もあります。

次の部屋は植物学のコーナーです。ここではフィリピンの竹の紹介が行われています。竹は東南アジア地域にとくに多いとされていますが、展示コーナーでは一一種類の竹とそのレプリカなどが集められています。ケー

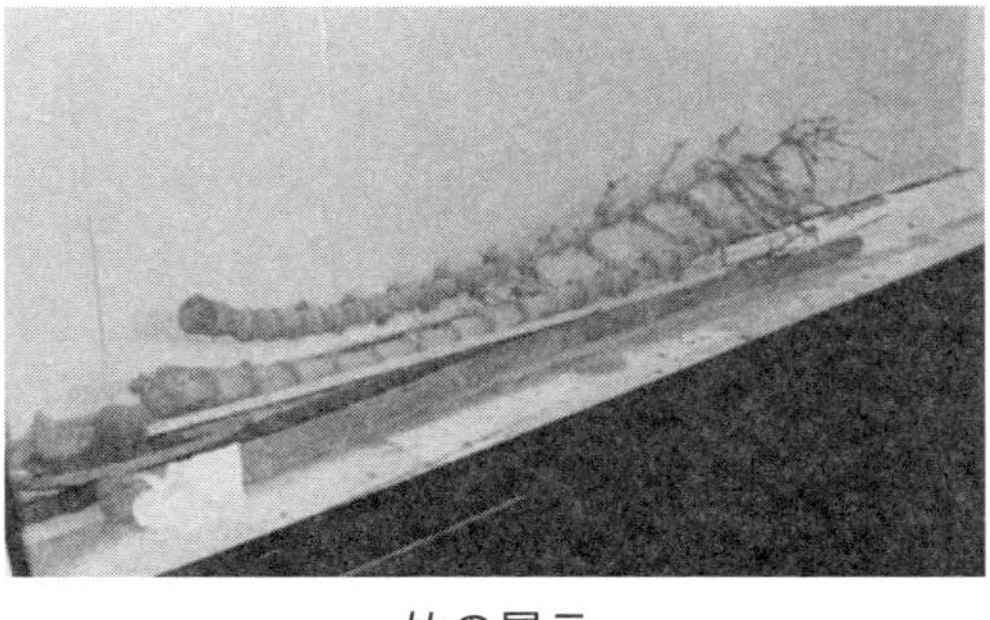

竹の展示

スに入れられている竹は節の多い独特なものです。

次は森林学に関する展示コーナーです。ここは森林研究所という名前から見ても力が入る部分でしょう。深い森の写真パネルやジオラマが用意されており、木材の断面も示されています。またこれらの材料を使用して加工された家具も並べられています。最後の四番目の部屋は園芸に関するコーナーで、蘭などの花卉植物の展示が行われています。とりわけ蘭が森で自生している様子の写真やジオラマは、本来の蘭の姿を見ることができる貴重な展示でしょう。

マキリン山の大きなパノラマ写真とそこから産出される材木を使ったさまざまな建材の展示もあります。自然史博物館は扱う分野が広く、展示も大変だと思いますが、この博物館の展示は多くの知識を見学者に与えてくれるものになっています。

❖フィリピン大学ロス・バニョス森林研究所植物園

Botanical Garden, University of Phillipines Los Banos

フィリピン大学付属のロス・パニョス森林研究所の植物園です。自然史博物館から車で五分程度走ったところにあります。森林公園と言ってよいほど広大な植物園です。フィリピンに自生する樹木をそのままの状態で見せているということです。手入れをして整備されているのは園路に沿った部分のみで、大半は自然の繁茂に任せているという状態でした。

植物園で見かけたいくつかの植物をとり上げてみましょう。

「カパカパ」は、ピンク色の花と赤い細かな実をつけています。その実は

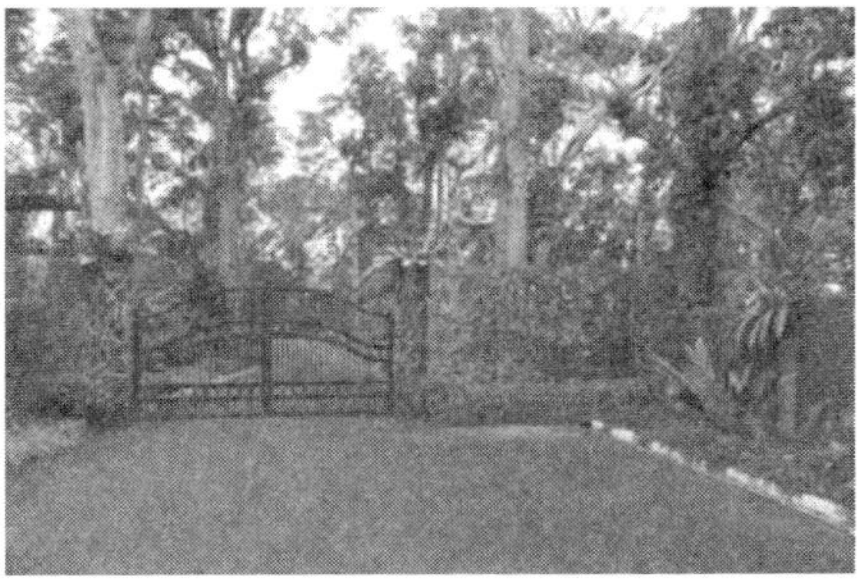

植物園

「フォックス・テイル・パーム」

樹液が赤く、着衣に付くと厄介な状態になると思われます。しかし染料としては十分に活用できるかもしれません。フィリピン各地に見られるようです。最近日本の田舎でこれに似た植物を見かけることがありますが、繁殖力が強く、相当厄介な植物のようです。

「トラベラーズパーム」は直訳すると「旅行者の手の平」となります。人間が手のひらを広げたような葉が特徴的な植物です。この植物はマダガスカルに自生しています。

「フォックス・テイル・パーム（キツネの尾）」は、オーストラリアの北部に自生している椰子の一種です。その葉は名前のごとくキツネの尾のように毛むくじゃらに見えます。

園路を少し奥に行くとフィリピンの竹類の植生を見ることができます。ロス・パニョス森林研究所、自然史博物館の展示ではレプリカ展示でしたが、ここでは実物の植生が観察できます。

ここは、植物が好きな方にはたまらない見学スポットといえるでしょう。

宗教に関する博物館

サン・オウガスチン教会
サン・オウガスチン教会博物館
マラテ教会
マラテ教会博物館
マニラ大聖堂
キアポ教会
マニラ・ゴールデン・モスク

一五二一年、マゼランの遠征隊がサマール島に、一五六五年にはレガスピ遠征隊がアウグスティヌス会修道士を伴ってセブ島に到着し、一五七一年にはマニラを占領、新植民地の首都とします。一五七九年には初代マニラ司教が任命され、フィリピンにおける本格的なキリスト教支配がはじまります。一四世紀にはイスラム教の伝道も行われていますが、現在ではイスラム教徒の占める割合はきわめて小さいものです。スペイン植民地支配の長かったフィリピンではキリスト教信仰とのかかわりで多くの文化が形成されてきました。本項では宗教に関する博物館について記述していきます。

【世界遺産】サン・オウガスチン教会　Sun Agustin Church

イントラムロスの外側の南西部にあり世界遺産に登録されている教会です。この教会は一五九九年から一六〇六年に建設され、フィリピンにおける石造建築の中で最も古い教会の一つです。重厚な印象を与える建物は、一六七五年以来七度の地震や戦禍に見舞われていますが、そのたびに持ちこたえ、かつての姿を残して現在に至っています。

教会内はバロック調のインテリアで整えられ、天井や側壁には壁画が描かれており、荘厳な中にも明るい雰囲気が感じられます。教会の右手には教会博物館が設置されています。

サン・オウガスチン教会

❖サン・オウガスチン教会博物館　Sun Agustin Church Museum

サン・オウガスチン教会の外側の廊下部分と、かつて修道院として使われていた部分を博物館としたものです。

入口に置かれている鐘は、教会に吊るされていたもので、一八六三年に発生した地震で破損し、一九二七年には降ろされました。その総重量は三四〇〇キログラムあるそうです。教会で使われた儀式用の儀仗や司祭の正装用のガウンなどの衣装、聖人像、キリスト像、マリア像などの各時代の彫刻、灯火用の道具

サン・オウガスチン教会博物館

マリア像

大小さまざまな御輿

などの金属製の装飾品が展示されています。また、大小さまざまな御輿が展示されています。派手な色使いのものから彩色を施されていないものまで、時代を感じる古いものから全く新しいものまで、五メートルに近いものから二メートル程度のものまでさまざまなものがあります。また、墓碑とみられる石碑も多く見ることができました。

❖マラテ教会　Malate Church

イントラムロスの南のマラテ地区のマニラ湾沿いに走るロハス通りから一本内側のデル・ピラール通りとマビニ通りの間にあります。この教会は一八世紀にアウグスティヌス会の修道士によって建てられた石造の建物で、この地区では最も古い建物です。一七六二年にイギリスがマニラを占領した時にはこの教会が要塞として使われました。訪問時は、改修工事のため外部はおおいが掛けられていました。

❖マラテ教会博物館　Malate Church Museum

教会の横に四階建の教会事務所のビルがあります。このビルの二階フロアが博物館の展示室です。受付で博物館見学を希望する旨伝えて、しばらくすると担当者の若い男性が博物館へ案内してくれました。内部は中央が最上階までの吹き抜け構造で、自然光が入り明るくなっています。周囲の廊下の壁にはキリスト教に関する神秘的な絵画が掲げられています。

まず映像ホールに案内されました。このホールは二〇名ぐらいが入れる大きさで、大型テレビくらいのスクリーンと折り畳み式のパイプ椅子があります。ここで見たのは「フィリピンの成り立ち」「第二次世界大戦中のフィリピン」「近年のフィリピン」という、それぞれ五分程度の映像でした。

最初の映像は、数億年以上も前にフィリピンの国土が中国大陸から分離したとして、かつて生息した動物のことや先史時代以来のフィリピンの歴史を通覧するもので、多くのイラストと化石や遺物の写真をつかって説明しています。次の映像は、第二次世界大戦中の日本軍とフィリピ

マラテ教会博物館

マラテ教会の内部

ンの関係、フィリピンの独立運動、戦争終息前後の状況などが取りあげられています。最後の映像は、近年のフィリピンの発展とキリスト教が如何にフィリピンの人々に支えられているかという内容です。上映に先立って係の男性から、日本人にとって、大戦中の日本軍の行為が描かれている部分で少々不愉快な思いをするかもしれませんと伝えられました。しかし内容的には事実関係のみが客観的に伝えられているように見えました。

フィリピン先住民族の住居を復元展示

三聖人の木彫

映像の後は隣の展示室へ移動します。フィリピンの先住民族の住居が復元され、自然の風景の大きな写真パネルが展示されています。豊かな自然の中には七五〇〇以上の植物や動物、昆虫などの生命体があると説明されています。さらに渓谷や河川の流れ、豊かに稲穂が育つ水田の風景の写真パネルが続きます。

次の部屋では礼拝する人々や神父、教会などフィリピンの社会と国民が描かれた絵画が壁一面にあります。その両側にはマリアに抱かれたキリスト像と聖人の画像が掲げられています。次いでフィリピンにおけるキリスト教の歴史についての展示が続きます。フィリピンの宗教史には必ず登場する三人の殉教者、三聖人の木彫と写真も置かれています。これに続く部屋では壁一面に白黒の写真が貼られています。いずれもキリスト教関連の行事や迫害に伴う事件などのものです。一九四五年一月一七日と表示されているジオラマは、アメリカ軍の侵攻によって教会が破壊され、多くの負傷した市民が、教会内に運ばれ、手当てを受ける様子が再現されています。

戦時中の写真が多く掲げられています。「一九三〇年平和なマニラ」、「一九四一年日本帝国の侵略」、「一九四四年攻勢」、「一九四五年破滅状態」、「一九四五年」と表示されています。

多くの展示内容を見てきましたが、最後の部屋で見た「**War is never inevitable and is always a defeat for the human race**（戦争は決して必然的ではなく、いつも人類のための敗北です）」という言葉が強く心にひびきました。すなわち、戦争は何も生み出さないということです。

最後の部屋にはフィリピンの大きな地図が掲示され、スペイン船の航路や有名人の渡来ルート、国際港の位置、大きな戦争があった場所などが表示されています。

❖マニラ大聖堂　Manila Cathedral

イントラムロスのほぼ中央部に位置するキリスト教の聖堂です。第二次世界大戦の時代、アメリカ軍の艦砲射撃などによって大半の建物が破壊されましたが、一九五四年から一九五八年にかけて再建されました。フィリピンでは最も重要な教会とされています。建物の正面には中央と左右に扉があります。

一階の屋根に四体の大理石の聖人像が、二階には縁窓とその両側に各一体の聖人像が置かれています。また中央正面の屋根の十字架は基礎部分の両端をかわいい天使が支えています。左手には高くそびえる塔屋が

マニラ大聖堂

あり、時計台が設けられています。

大聖堂の中では敬虔な信者たちが熱心に祈りを捧げていて、非常に静かです。正面祭壇にはキリスト像が置かれ、その奥には色あざやかなステンドグラスがあります。

祭壇前から左右に二〇列余りの座席が用意されていますが、外観に比べて意外と内部が狭いように感じました。大聖堂の前のローマ広場には、樹木が植えられ参拝者の憩いの場となっています。

❖キアポ教会　Qulapo Church

イントラムロスのパッシグ川を隔てた北東側がキアポ地区です。キアポの中心、交通量の多い道路に面したにぎやかな場所にあります。この教会は一五八二年スペイン人によって建てられました。教会の外は喧騒の世界ですが、教会内は対照的に静寂そのものです。

この教会には、黒い木材で作られたキリスト像、ブラックナザレ像があることで有名です。一七世紀にメキシコからもたらされたというそうです。

ちょうどミサが行われており、敬虔な信者の祈りがささげられていました。

教会の内部

キアポ教会

❖マニラ・ゴールデン・モスク　Manila Golden Mosque

キアポ地区にあります。モスクは黄金色の独特な宝珠系の屋根を持ち、建物は緑色とカラフルでした。

フィリピンに住むイスラム教徒の本山として一九七六年に建設されました。一六世紀後半に征服されるまで、フィリピンはイスラム教徒によって支配されていた地域であったとされています。

イスラム勢力の中心的人物ラジャ・スレイマンが一五七一年頃に戦いに敗れ、急速にキリスト教化されていったとされています。

モスクのある周辺は現在も多くのイスラム教徒が居住しているようです。周辺は道が狭く混雑していました。

マニラ・ゴールデン・モスク

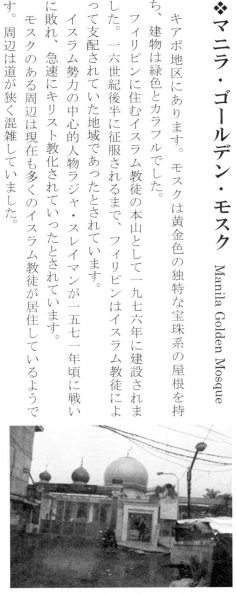

大学博物館

UST美術・科学博物館
ヴァルガス博物館
アテネオ・アートギャラリー
デ・ラ・サール大学美術館
アマン・ロドリゲス大学博物館

フィリピンには多くの大学がありますが、そのうちのいくつかは付属博物館を持っています。とくにUP（フィリピン大学）やUST（セント・トマス大学）は伝統があり、そのコレクションも素晴らしいものがあります。またほかの大学博物館もモダン・アート、コンテンポラリー・アートを中心に特徴あるコレクションを形成しています。なおフィリピン大学付属のロス・バニョス森林研究所自然史博物館と植物園は先に紹介しましたのでここでは略します。

❖UST美術・科学博物館　UST Museum of Arts and Sciences

キアポ地区にあります。マニラにある古い大学の一つ、セント・トマス大学の構内の中心に大学博物館があります。扱う内容は、動物学、民族学、宗教美術と絵画芸術です。大学構内に入るためにはまず守衛に博物館に行きたい旨を告げます。すると事務所に案内されます。ここで名前や目的を書類に記入し、大学のパンフレットなどをもらい、ようやく博物館に向かいます。直接博物館に行っても問題ないように思うのですが……。

内部の展示は二フロア、四コーナーに分かれています。まず中央部の一階は動物学に関する展示室です。

セント・トマス大学

博物館の内部

フィリピンに生息している動物を中心に、剥製標本が集められています。猿、カンガルー、犬、猫、豚、水鳥から小鳥までの鳥類、ニシキヘビやワニ、トカゲ、ウミガメ等、実にさまざまな動物が集められています。またアルマジロやオオツノ鹿、いたちなどの動物の生態をジオラマで示した展示もあります。

昆虫では色あざやかな蝶や蛾の標本が置かれています。また魚類

十字架には磔のキリスト

多数の剥製標本

も多くの剥製標本が集められています。海岸・海底の生態のコーナーでは、多様なヒトデや貝類がガラスケース二個に隙間なく並べられていま す。珊瑚類やテングサ等の海草類の標本もコレクションされています。

入口左手は宗教美術の展示室です。ここには一五〜一六世紀にフィリピンに伝播したキリスト教のさまざまな芸術作品が集められています。聖人像やマリア像、キリスト像などキリスト教芸術の粋を知ることができます。また儀式に使用される祭器なども集められています。

展示室中央の天井から下げられた十字架には磔のキリストが表現されており、ひときわ目立っています。この像は一六〜一七世紀の作品で、七七センチ×六八センチもあり、この種の像としては大きなもののようです。またこの大学の名前の由来である聖トマス像も展示されていますが、これは一九〜二〇世紀の作品のようです。木彫の聖母マリア像もガラスケースに多数展示されています。このほか、聖ペテロのレリーフ像も展示されています。

右手のヴィジュアル・アート・コレクションのコーナーには絵画作品が多数集められています。このギャラリーは一九五七年に開設されました。牧師や神父のなどの肖像画が多く、また、自然の山野や田畑を描いた作品、労働者を描いた作品なども見ることができます。

二階には、コイン・メダルの展示があります。ガラスケースに収められた大小さまざまなコイン・メダルはヨーロッパ諸国の博物館ではよく

コイン・メダルの展示

肖像画の展示

陶磁器コレクション

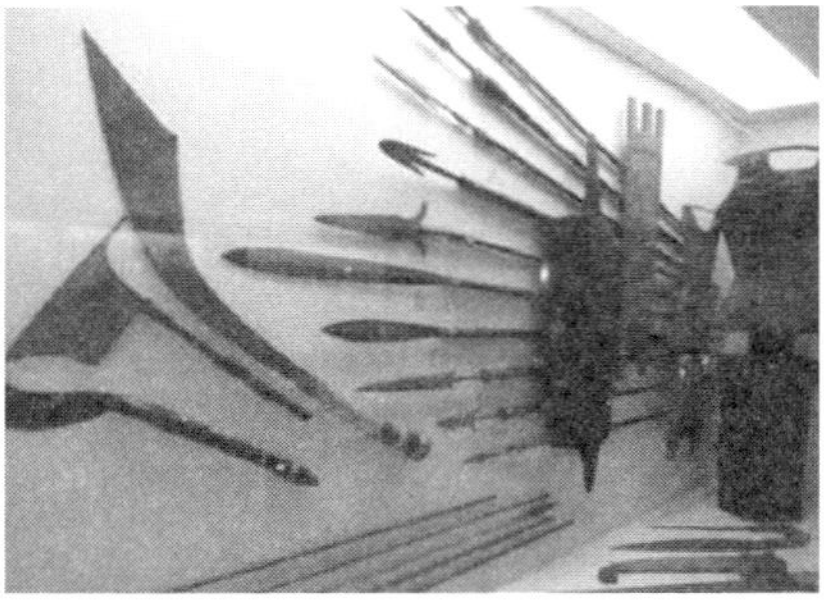

民族資料

1・2階の展示

展示されているものですが、フィリピンでは中央銀行博物館とこの博物館のみで見られるコレクションです。一八六九年にヴァチカンで発行されたものや肖像画の刻印された一八七〇年から一八七四年にかけてのコインが展示されています。このコレクションの展示量も膨大なもので、年代と名称が表示されているのですが、すべてを見る時間はありませんでした。

次にアジアの民族に関する展示があります。ここでは民族楽器や民族資料などフィリピンの民族文化を語るコレクションが集められています。

オリエンタル芸術コレクションでは、多くの木像彫刻など植民地支配以前にフィリピンにもたらされた作品が集められています。なかでも、釈迦が誕生して間もなく天と地を指して「天上天下唯我独尊」と言葉を発したという釈迦誕生木彫像が目をひきます。金属製の像や翡翠の観音像などもありますが、いずれも中国からのものと見られます。

次のケースは、中国、日本、タイ、ベトナムなどから輸入された陶磁器などを集めたコレクションです。タイ陶磁器や日本の陶磁器はたとえば柿右衛門様式の大皿など比較的新しいものが多く、色柄と呼ばれる彩色の美しいものがコレクションされています。中国のものでは宋時代以降の青磁や青花が多く見られます。特に青磁の大皿や碗には素晴らしいものが見られます。唐の三彩馬の模倣品が置かれていましたが、新しい時期のものでしょう。

金属製品では、表面に象嵌された文様の細かさや精緻さが注目です。作品は箱や合子など小型の物入れが中心のようです。

槍や蛮刀、木製の楯などフィリピンの民族資料コレクションがあります。続いてのケースは衣類のコレクションです。糸車や機織りの部材やそれらで織られた縦縞の布が並べられています。また竹材や木材を用いて作られたさまざまな形の容器も集められています。民族楽器のコーナーには、マンドリンやギターのような弦楽器、太鼓状の打楽器、竹で作られた笛などもコレクションされています。

この博物館は、一階中央部は自然史博物館、右側が美術館、左側が宗教美術館と三種のコレクションの展示が行われ、二階では、コイン・メダル、オリエンタル芸術、民族資料という三種類のコレクションを展示しています。時間をかけてじっくりと見学するに値する博物館です。

入口には簡単なミュージアム・ショップがあります。カタログやポストカードのほかにUSTのロゴマークの入ったシャツやアクセサリーなども販売していました。

❖ヴァルガス博物館　Vargas Museum

マニラ市の北東に位置するケソン市にフィリピン大学デリマン校のキャンパスがあります。この大学構内にある博物館です。

この大学出身で初代フィリピン行政府長官のジョージ・ヴァルガスが寄贈したコレクションをもとに一九八七年に設立されました。その中に、ヴァルガスと当時の日本の首相であった東条英機の姿が描かれた油絵がありました。

建物は地上三階、地下一階で、二階フロアが主たる展示スペースとなっており、一

コンテンポラリー作品の展示

ヴァルガス博物館

階と三階フロアはコンテンポラリー作品の展示スペースとして利用されています。

❖アテネオ・アートギャラリー　Areneo Art Gallery

アテネオ・デ・マニラ大学の構内にある美術館です。大学構内の校舎群の中でもひときわ目立つ近代的なデザインの建物です。訪問時は台風一過の翌日で、大半の施設が停電中の大変な状態でした。にもかかわらず、見学OKでした。この博物館も停電のため展示室は暗くかろうじて作品が見える程度でした。この時は、大学博物館所有のコレクションの中からリアリテイに富む作品を選んで特別展示中でした。

この大学博物館はフィリピンの作家のものを中心にコンテンポラリー・アートをコレクションしているフィリピン国内では随一の博物館です。とくに、シーザー・レガスピ、H・R・オカンポ、ジェリー・エリザルデ・ナヴァロ、ヴィンセント・マナンサラなどのナショナル・アーティストの作品を多くコレクションしていることで知られています。ガイド氏によると、これらの作品は常時展示されていないということでしたが、今回の展示はそれらの中からえりすぐりの作品が並べられているということでした。

展示室の端にフィリピン出土の中国陶磁器の展示ケースが遠慮がちに二

中国陶磁器の展示

アテネオ・アートギャラリー

個並べて置かれていました。そこには中国宋時代の青磁の大皿や碗、鉢等の製品が置かれ、小型の香合や壺などの青磁製品及び白地に藍色の文様が美しい青花の皿、碗、鉢なども見ることができました。

❖デ・ラ・サール大学美術館　De La Salle University Museum

白に統一された非常に美しい校舎が立ち並ぶキャンパスは気持ちのいいものです。その中で最も高くそびえる建物に美術館があります。この建物はドン・エンリコ・T・ユーチェンコホールと名付けられています。フィリピンの財閥の一つであるユーチェンコ氏が寄贈した建物のようです。

一階のフロアが展示スペースで、コンテンポラリーな絵画が中心です。とくにこの大学とかかわりのある作家の作品が中心に集められているようです。

デ・ラ・サール大学美術館

❖アマン・ロドリゲス大学博物館　Amang Rodriguez University Museum

かつては女子大学でその伝統を長らく守っていたようですが、近年男女共学の大学となったとのことでした。校舎内の奥まった部分に窓を網で覆っている緑色の建物があります。普通の教室のようにも見えます。中には担当の女性が一人いましたので、博物館の由来などを質問しましたが、よくわからないようでした。

ガラスケース中には学生が使用した無数の万年筆などの筆記具が集められています。隣のケースには石斧や石鏃という石器、さらに隣のケースには多数の貝の化石が並べられています。ただし説明板はありません。衣装、男女の帽子、賞状やメダルが集められたケースもあります。古風なテレビ、オルガン、応接セット、乗用車などが雑然と置かれています。このほか白い布の反物や食器の皿、記念品

多数の貝の化石

雑然とした展示室

と思われる絵皿、扇子、金づち、コンパスなどの工具類など、いずれもこの大学に関連ある人々の持ち物あるいは記念の品々なのでしょうが、ただ雑然と並べてあるだけのようでした。

軍事・その他の博物館、史跡など

フィリピン空軍博物館
フィリピン空軍公園
ココナツ・パレス
パコ公園
高山右近銅像
パッシグ市立博物館
リサール・プラザと旧パッシグ市庁舎

ここでは軍事及びそのほかの博物館、史跡などについて記述します。

❖フィリピン空軍博物館　Philippine Air Force Museum

パサイ市にある国際空港に近い空軍基地内にある博物館です。建物は一部二階建ての鉄骨造りの格納庫風のものです。

入口正面はガラス張りで、外光が十分中に入るように配慮されています。正面には大きなフィリピン国旗が掲げられており、そこから白、青、赤の布が二階天井に連なっています。

一・二階は吹き抜け構造となっています。このため二階の展示スペースはかなり狭くなっています。一階フロアには三機のプロペラ飛行機が置かれています。中央に飾られているのはアメリカ陸軍の陸上戦闘機Ｐ51Ｄ（通称マスタング）で、一九五三年から行われたイスラム過激派掃討作戦に使用されたものです。ほかの二機は練習機のようです。また二階天井から二機のプロペラ機が吊り下げられています。このうちの一機は複葉機です。一階にはプラモデルのジェット機などが大量に集められています。また飛行機を題材にした絵画も掲げられています。

二階フロアの壁際のガラスケースには実物の拳銃などの銃器類が多く入れられています。空軍兵士の制服や各階級章、飛行用サングラスなどの装備品、軍刀などが置かれています。

またジャングルでの軍事基地のようすをジオラマで示しており、機関銃などの機銃や大小さまざまな爆弾が置かれています。

複葉機

3機のプロペラ機

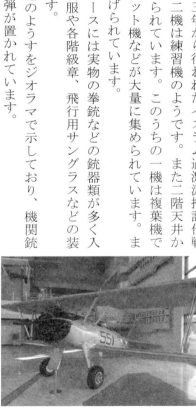

このフロアでとくに目を惹くのは一九七四年にルバング島で発見された残留日本兵の小野田寛郎少尉の所持品です。兵器類、軍服、帽子、ヘルメット、小野田少尉発見当時の現地の新聞記事などが展示されています。小野田寛郎少尉は、上官の命令によって終戦後も任務を忠実に遂行していたのですが、発見されたというニュースには日本国中が驚きました。日本の変わりようを小野田さんはどうみたのでしょうか。彼は帰国後まもなく新天地を求めてブラジルに旅立ってしまいます。

このほかにも、第二次世界大戦当時、日本軍が使用した銃器類が多く集められています。

❖フィリピン空軍公園 Aircraft Park

空軍博物館に隣接する三角形の広場にフィリピン空軍で使われた本物の飛行機が置かれた野外博物館があります。中央部の円形の植え込みには機関砲が据えられています。公園内には手入れされた植栽の間に多くの戦闘機や練習機、ヘリコプターなどが置かれています。

とくに目立つのは中央に置かれている、白にブルーの塗装の飛行機です。これはＹＳ11と呼ばれた双発のプロペラ機で、戦後の日本で最初に作られた飛行機として広く使用されていたものです。フィリピンでは一九七一年から一九九三年まで大統領専用機となっていました。

次に大型飛行機が目に入ります。これはアメリカダグラス社のＣ47（スカイトレイン）です。一九四七年にフィリピン陸軍航空隊に納入され、主として輸送任務に就き、人工降雨のドライアイスを大気中に散布

フィリピン大統領専用機（YS−11）

水陸両用機HU16（アルバトロス）

大型輸送機C47（スカイトレイン）

練習機T−6（テキサン）

するためにも使用されたということです。小型の戦闘機としては機体に６６２と表示されているものがあります。アメリカ、ノースアメリカン社製の練習機Ｔ―６（テキサン）及び練習機Ｔ―28（トロジャン）で、一九六〇年に六〇基納入されています。前者は日本の九七式艦上戦闘機に、後者は零式艦上戦闘機に外観が似ています。この飛行機は納入以来一九五八年までフィリピン空軍の優秀なパイロットの養成のために使用されました。このほかＨＵ16、アルバトロスと呼ばれた飛行機は水陸両用型で何百回もの救援出動を行ってきました。またジェット機ではＦ86Ｄ、Ｆ86Ｆ、Ｔ―33などがあります。

❖ココナツ・パレス　Coconats Palace

パサイ市の文化センターの横を通るロハス通りが大きく曲がるカーブのところにあります。道路に沿って長く塀が続いていますが、外部から建物の中が見えます。敷地内にはその名前の由来ともなっているココナツヤシが多数植えられ、熱帯らしい雰囲気を醸し出しています。

この建物は一九九一年にローマ法王のフィリピン訪問の際、迎賓館として新たに建設されたものです。建設材料にココナツヤシを用いた二階建てで、現在はフィリピンの副大統領の公邸として使われています。内部は公開はされていません。

ココナツ・パレス

❖パコ公園　Paco Park

イントラムロスの南側、エルミタ地区にあります。周囲を石つくりの高く厚い壁が円形に取り囲んでいる墓地公園です。一八二〇年頃、マニラでコレラが大流行し、多くの市民が亡くなりました。その犠牲者の中でも、裕福な人々を弔い葬るために作られたのがこの墓地でした。やがてスペインの統治時代に入ってからは、スペインやフィリピンの貴族階層の墓地として使用されてきました。一九六六年になって、パコ公園として改修工事が行われ、市民に開放され現在に至っています、

墓地の中央部に赤く塗られたドーム状の屋根を持つ堂が建てられ、それに通ずる直線の参道があります。

パコ公園

この堂はバングラティウスのチャペルと呼ばれ、かつてフィリピンに君臨したスペイン総督の霊廟となっています。毎週日曜日にはこのチャペルでミサが行われるそうです。チャペルへの参道の両脇には樹木や芝生が植えられ、緑地公園として整備されています。ここは市民の散策の場にもなっているようです。

　周囲の厚い石積みの塀には多くの人を葬った納骨用のスペースがあり、まるで壁に作られた半円形の窓のようです。その窓の数は五〇〇基を超えているようです。

　フィリピンの英雄ホセ・リサールの墓地もこの公園内にあります。ここはリサール公園に葬られる前にリサールの遺体が収められた場所でもあったのです。ただしリサールの墓は塀の内側ではなく、チャペル裏の左手、壁に沿って外側に作られています。現在、墓地には白い十字架が建てられ、リサールの墓地の表示もあります。

　このほか、スペインの植民地支配に抵抗して捕らえられ、一八七二年に斬首刑に処せられた三人の神父など、後にフィリピン独立の英雄と呼ばれる人たちもここに埋葬されています。しかしリサールのほかの多くの市民の墓には名前を示す表示は一切見られません。

リサールの墓地

訪問した日は、大型台風が通過した翌日だったこともあって、散乱した樹木の枝や葉を清掃作業の人たちが片付けていました。

❖高山右近銅像　Justo Ukon Takayama

パコ公園から少し東に行った所に、安土桃山時代から江戸時代の初期に、キリシタン大名として知られた高山右近の銅像が建てられています。

高山右近は徳川政権のキリシタン迫害が始まると、多くの信者とともに日本を脱出し、マニラに逃れました。このあたりには日本人町が形成されていたようですが、現在ではその痕跡を見ることはできません。

正確な日本人町の位置も明らかではないということですが、高山右近の銅像があるあたりからパコ公園あたりではないかと考えられています。高山右近の領地だった大阪府高槻市とマニラ市は姉妹都市となっています。

高山右近の銅像

❖パッシグ市立博物館　Pasig City Museum

パッシグ市はメトロマニラを構成する市の一つです。ここに、外面を黄色で統一した古風な様式の建物の博物館があります。市街地の中心部にあり、リサール・プラザに隣接しています。建物の正面から見ると後ろに位置するファスト・フードの看板とマッチしており、その店の一部のようにも見えます。この建物はリサール・プラザの端にあるサンジョセの少年院として知られていました。事業家として大成功を収めた初期のパッシグ市長ドン・フォーナトの発案により一九三七年に建設されました。第二次世界大戦中、日本軍はここに本部を置き、留置場として使用しました。

一九四五年二月一九日にはこの建物にアメリカの旗が高々と掲げられ、パッシグ地域の日本占領に終止符が打たれました。一九八〇年からパッシグ市の図書館と博物館として使用されるようになりましたが、内部改修工事の後、二〇〇八年六月に市の歴史と文化財を紹介する博物館となりました。ここでは、歴史的な写真や自然科学の成果など多方面の資料を展示しています。

ロビーの彫像

パッシグ市では、歴史的な建物の一つであり、ランドマークでもある博物館を芸術、歴史、文化の拠点として今後も活用していくとのことです。訪問時はあいにく台風一過の混乱のため内部の見学はできませんでしたが、ロビーのジオラマだけ見ることができました。

パッシグ市立博物館

❖リサール・プラザと旧パッシグ市庁舎 Rizal Plaza & Old Pasig City Hall

パッシグ博物館の前に公園があり、その中央にリサールの銅像が立っています。そのためこの広場はリサール・プラザと呼ばれています。リサール像の背面には道路を隔ててかつてのパッシグ市庁舎があります。この庁舎は一部コンクリート造りで木造を併用した二階建ての建物で、屋根は寄棟造りのスレート葺きです。二階は細かな格子窓が前面に付けられており、わずかな廂の上部にも一階分の余裕があります。

この広場の周辺には古い教会も残されており、古くからひらけた地域であることがうかがえます。

リサールの銅像

旧パッシグ市庁舎

あとがき

フィリピンというと、まず治安は大丈夫なのかということが頭に浮かびます。その不安は何度も訪問しているうちに払拭されると思っていましたが、本書を書き終えてからもまだ完全には払拭されたとは言い切れないが現状です。しかしそこで日常生活を過ごしておられる大半人々にとっては、どこに不安があるのか?と一笑に付されてしまいそうです。確かに日本での治安は近年悪化して言っているとはいえ、まだまだ大きな不安を抱くほどには至っていません。

フィリピンでは、ホテル、コンビニをはじめ商店などの多くがガードマンを雇って警備しています。彼らは本物の拳銃を携帯しています。

では、博物館はどうでしょう。訪問した多くの博物館・美術館では、金銭価値の高い展示品をコレクションしているメトロポリタン美術館、中央銀行貨幣博物館などのごく一部を除いてガードマンはいませんでしたし、本書の取材も博物館関係者の好意的な対応のおかげで何の問題もなく終えることができました。

可能な限り多くの博物館訪問を心掛けましたが、時間的な条件や種々の制約で訪問することができなかったところもあり、別の機会に訪れたいと考えています。

最後になりましたが、訪問行に同行いただいた中村善文氏をはじめ、マニラでお世話になった旅行社の方々、さらに毎々適切なアドバイスをいただいている芙蓉書房出版の平澤公裕氏、奈良部桂子氏、校正を手伝っていただいた男里真紀氏に対し、心から感謝いたします。

平成二十六年　師走の雪の日に

中村　浩

参考文献

鈴木静夫『物語フィリピンの歴史』中公新書，中央公論社、一九九七年。

池端雪浦編『東南アジア史Ⅱ島嶼部』山川出版社、一九九九年。

ホセ・リサール原案、村上政彦翻案『見果てぬ祖国』潮出版社、二〇〇三年。

Kristin Kelly, *THE EXTRAORDINARY MUSEUMS OF SOUTHEAST ASIA*, 2001, HAEEY N.INC., PUBLISHERS.

Mariyn Seow.Laura Jeanne Gobal, *MUSEUMS of Southeast Asia*, 2004, ARCHPEAGO PRESS.

Sandra Castro, *Asourcebook to the Museum of the Filipino People*, 2005, Museum Foundation of The Philippines,Inc.

Catalogue of the university of Santo Tomas Museum Visual Art Collection, 2011, UST Museum.

GSIS Art Competition 2013, 2013´ GSIS.

Florina H Capistrano-Baker, *Gokd of Ancestors Precolonial Treasures in the Phillipines*, 2009, Ayala Foundation. Inc.

Universiyu of Santo Tomas, 2012, Universiyu of Santo Tomas.

The National Museum Visual Art Collecyipm, 1991, TG.he National Museum of the Philippines

Renato Perdpn, *Understanding Jose Rizal*, 2011, Manila Prints Australia

Fernando Zobel in 1960s, 2009, Ayala Foundation INC.

Regalado Trota Jose. *San Agustin Art &History 1571-2000*, San Agustin Museum.

Pedro G.Galende.OSK, *San Agustin Church*, San Agustin Museum.

Ambeth R. Ocampo・Jesus T.peralta・Felice Noelle M.Rodriguez, *The Diorama Experience of Philippine*

History, Ayala Museum.
Kawit,Cavite, *Ang Bahay nNi Emilio Aguinaldo*, 1998′ National Hisutotical Institute.
Augusto C. Sumalde・Marita D. Salinas, *Philippine Whiteflies Biology and Ecology*, 2000, Museum of Natural History University of the Philippins Los Banos.
Norma O. Aguilar・Lourdes B. Cardenas・Mary ann O. Cajano, *Spore-and Seed ?Bearing Plants of Mount Pulag,Benguet,Pilippines*, 2000, Museum of Natural History University of the Philippins Los Banos.
The Mationak Art Gallery of the Philippimes, 2007,National Museum of the Pilippimes.
Exploreum Where Science Becomes Fun, 2014, Exploreum(Makk of Asia).
Jaime Escobar, *Index Guide Travelers in the Pilippine Islands*, 2012,New Day Publishers.
Eusebio Z.Dizon and Rey A.Santiafo, *Facrs fromMaitum The Archeological Excavation of Ayub Cave*, 1996, The National Museum
Wilfedo P. Ronquillo, *The Technological and Functional Analyses of Lithic Flake Tools from Rabel Cave, Northern Luzon,Philippines*, Wrthropological Papers No13, 1981, Natiomal Museum

＊このほか、フィリピン関係の旅行ガイドおよび各施設のガイドブック、パンフレットさらにウエブ記事をはじめとするインターネット上の書き込みなどを随時参照させていただいた。ここに記して感謝するものである。

博物館の所在地

■マニラ市

国立フィリピン人博物館（National Museum of the Filipino People）
▼T.Valencia Circle, Rizal Park, Manila City

イントラムロス（Intramuros）
▼Gen,Luna St.,Intramuros, Manila City

サンチャゴ要塞（Fort Santiago）
▼Gen,Luna St.,Intramuros, Manila City

バハイ・チノイ（菲華歴史博物館）（Bahay Tsinoy, Museum of Chinese in Philippine Life）
▼Anda St.,Cor,Cabildo St., Intramurous, Manila City

カーサ・マニラ博物館（Casa Manila Museum）
▼Gen,Luna St.,Intramuros, Manila City

リサール公園（Rizal Park）
▼Gen,Luna St.,Intramuros, Manila City

リサール記念館（Rizal Shrine）
▼Gen,Luna St.,Intramuros, Manila City

リサールモニュメント（Rizal Monument）
▼Gen,Luna St.,Intramuros, Manila City

フィリピン政治史博物館（Museum of Philippine Political History）
▼National Historical Institute Bldg, T.M. Kalaw St. Manila City

バウチスタ博物館（Bautista Museum）
▼432 Ariston Bautista st., Quiapo, Manila City

ムゼオ・パンバタ（Museo Pambata）
▼Roxas Blvd., cor. South Dr., Manila City

国立美術館ナショナル・アートギャラリー（National Museum National Art Gallery）
▼Taft Avenue cor. Cor. P. Burgos St., Manila City

メトロポリタン美術館（Metropolitan Museum）
▼Bangko Sentral ng Pilipinas Complex, Roxas Blvd., Manila City

ヒラヤギャラリー（Hiraya Gallery）
▼530 United Nations Ave., Ermita, Manila City

中央銀行貨幣博物館（Central Bank Money Museum）▼A. Mabini Street comer P, OcampoStreeet, Malate, Manila City
マニラホテル歴史展示室（Manila Hotel Archives）▼1 Rizal Park, Roxas Blvd, Manila City
マニラ・オーシャンパーク（Manila Ocean Park）▼Behind Quirino Grandstand, Luneta, Manila City
マニラ動物園（Manila Zoo）▼M. Adriatico St., Malate, Manila City
サン・オウガスチン教会博物館（San Agustin Church Museum）▼Gen. luna St., Cor. Real St., Intramuros, Manila City

マラテ教会博物館（Malate Church Museum）▼A,MabiniStreet,Malate, Manila City
マニラ大聖堂（Manila Cathedral）▼Cebildo Cor. Beaterio, Intramuros, Manila City
キアポ教会（Quiapo Church）▼Quezon Boulevard,Quiapo, Manila City
マニラ・ゴールデン・モスク（Manila Golden Mosque）▼Globo de Oro St.,Quiapo, Manila City
UST美術・科学博物館（UST Museum of Arts and Sciences）▼3/F College of Science, UST Main Bld., Espa?a Blvd., Manila City
デ・ラ・サール大学美術館（De La Salle University Museum）▼Taft Avenue, Manila City
アマン・ロドリゲス大学博物館（Amang Rodriguez University Museum）▼Nagtaha Street, Samploc, Manila City
パコ公園（Paco Park）▼Gen. Luna St., Ermita Manila City
高山右近銅像（Justo Ukon Takayama）▼Quirino Ave., Paco, Manila City

■ケソン市
ケソンタワー（Quezon Tower）▼Elliptical Road, Quezon City
ケソン記念塔博物館（Quezon Memorial Shrine Museum）▼Elliptical Road, Quezon City
リオンゴレン・ギャラリー（Liongoren Gallery）▼111 New York St., cor. Stanford St., Cubao, Quezon City

ボストン・ギャラリー（The Boston Gallery） ▼72 Boston St. cor. Lantana St., Cubao, Quezon City

ニノイ・アキノ公園&野生動物救助センター（Ninoy Aquino Park & Wildlife Center）
▼North Avenue., Quezon City

ヴァルガス博物館（Vargas Museum） ▼Roxas Ave., U.P.Campus, Dilinam, Quezon City

アテネオ・アートギャラリー（Ateneo Art Gallery）
▼Ateneo de Manila Unoversity.Loyola Heeights, Quezon City

■パサイ市

フィリピン文化センター（Cultural Center of the Philippines） ▼CCP Complex, Roxas Blvd, Pasay City

アジア民族楽器コレクション（Asian Traditional Musical Instruments）
▼CCP Complex, Roxas Blvd, Pasay City

フィリピン文化博物館（Museum of Philippine Culture） ▼CCP Complex, Roxas Blvd, Pasay City

エクスプロレウム（Exploreum） ▼G/F South side Entertaimemt Mall SM Mall of Asia, Pasay City

GSIS美術館（GSIS Museum）
▼Public Relations FacilitiesDepartmennt, Level2 Core D, GSIS Blvd.,Pasay City

ロペス記念館（Lopez Memorial Museum）
▼Benpress Bldg., Exchange Rd., Cor. Merako Ave., Ortigas, Pasay City

フィリピン空軍博物館（Philippine Air Force Museum） ▼Sales St., Villamor Air Base, Pasay City

フィリピン空軍公園（Air Craft Park） ▼Sales St., Villamor Air Base, Pasay City

ココナツ・パレス（Coconuts Palace） ▼CCP Complex, Roxas Blvd., Pasay City

■マカティ市

アヤラ博物館（Ayala Museum）

▼Akati Ave., Cor., De La Rosa St., GreenbeltPark, Ayala Center, Makati City

ユーチェンコ博物館（Yuchengco Museum）
▼Yuchengco Tower, RCBC Plaza, Senator Gil Puyat Ave., Makati City

■パッシグ市

アーク・アヴィロン動物園（Ark Avilon Zoo）
▼Frontera Verde, Ortigas Avenue cor.C-5, Pasig City

ラス・ファロラス水族館（Las Farolas the Fish World）
▼Frontera Verde, Bagy.Ugong,, Pasig City

パッシグ市博物館（Pasig City Museum）
▼Plaza Rizal, San Jose, Pasig City

リサール・プラザ（Rizal Plaza）
▼Plaza Rizal, San Jose, Pasig City

旧パッシグ市庁舎（Old Pasig City Hall）
▼Plaza Rizal, San Jose, Pasig City

■その他の地域

カティプナン博物館（Museum of Katipunan (Pinaglabanan Memorial Shrine)）
▼29 Pinaglabnan Street,Barangay Corazon de Jesus, San Juan City

マインド・ミュージアム（Mind Museum）
▼JT Canpos Park, 3rd Avenue, Bonifacio Global City, Taguig City

マリキナ靴博物館（Marikina Shoe Museum）
▼J.P.Rizal St., Brg. San Rouque, Marikina City

バンブー・パイプ・オルガン博物館（The Bamboo Organ House）
▼St.Josep Parish Church, Las Pinas City

リサール生家（Rizal Shrine Calamba）
▼Calamba City ,Laguna

アギナルド記念館（Aguinaldo Shrine）
▼Kawit, Cavite

フィリピン大学・ロスバニョス森林研究所自然史博物館（Museum of Natural History University of the Philippines Los Banos）
▼University of the Philippines Los Banos College.Laguna

フィリピン大学・ロスバニョス森林研究所植物園（Butanial Garden University of the Philippines Los Banos）
▼University of the Pilippines Los Banos College.Laguna

著者

中村　浩（なかむら　ひろし）
1947年大阪府生まれ。1969年立命館大学文学部史学科日本史学専攻卒業。大阪府教育委員会文化財保護課勤務を経て、大谷女子大学文学部専任講師、助教授、教授となり現在、名誉教授（校名変更で大阪大谷大学）。博士（文学）。この間、福井大学、奈良教育大学、岡山理科大学非常勤講師ほか、高野山真言宗龍泉寺住職。専攻は、日本考古学、博物館学、民族考古学（東アジア窯業史）、日本仏教史。
『河内飛鳥古寺再訪』、『須恵器』、『和泉陶邑窯の研究』、『古代窯業史の研究』、『古墳文化の風景』、『古墳時代須恵器の編年的研究』、『須恵器集成図録』、『古墳時代須恵器の生産と流通』、『新訂考古学で何がわかるか』、『博物館学で何がわかるか』、『和泉陶邑窯の歴史的研究』、『和泉陶邑窯出土須恵器の型式編年』、『泉北丘陵に広がる須恵器窯―陶邑遺跡群』『須恵器から見た被葬者像の研究』などの考古学関係書のほか、2005年から「ぶらりあるき博物館」シリーズを執筆、刊行中。既刊は、〈パリ〉、〈ウィーン〉、〈ロンドン〉、〈ミュンヘン〉、〈オランダ〉のヨーロッパ編5冊と、〈マレーシア〉、〈バンコク〉、〈香港・マカオ〉、〈シンガポール〉、〈台北〉、〈沖縄・奄美〉のアジア編6冊（いずれも芙蓉書房出版）。

ぶらりあるきマニラの博物館

2015年 2月25日　第1刷発行

著　者
中村《なかむら》　浩《ひろし》

発行所
㈱芙蓉書房出版
（代表 平澤公裕）
〒113-0033東京都文京区本郷3-3-13
TEL 03-3813-4466　FAX 03-3813-4615
http://www.fuyoshobo.co.jp

印刷・製本／モリモト印刷

ISBN978-4-8295-0643-1